超訳霊言

ハイデガー「今」を語る

第二のヒトラーは出現するか

大川隆法

Ryuho Okawa

本霊言は、2014年3月20日、幸福の科学総合本部にて、
質問者との対話形式で公開収録された（写真上・下）。

まえがき

哲学としては大変難解なハイデガー思想を、ごく簡単な日本語で語り明かしたのが本書である。

意外に、プロとしてハイデガー哲学を教えている者でも、本書を読んで目から鱗《うろこ》が落ちる思いがするかもしれない。

今、この日本は戦乱の前夜を思わせる時代に入っており、安倍現首相を、外国から第二のヒトラー呼ばわりする者も現れている。

さて第二のヒトラーは、習近平《しゅうきんぺい》中国国家主席か、ロシアのプーチン大統領か、北朝鮮の金正恩《キムジョンウン》か、それとも集団的自衛権や憲法九条改正に血道をあげている日本の安倍首相か。

答えは、国際政治や哲学、歴史、宗教のいろいろな面から考察されなくてはなるまい。

それにつけても、ナチスの台頭《たいとう》と破滅《はめつ》の全てを見届けた、二十世紀最大の哲学者といわれる、ハイデガーの語る「今」に耳を傾けるべきであろう。

二〇一四年　五月二十八日

幸福《こうふく》の科学《かがく》グループ創始者兼総裁《そうししゃけんそうさい》　大川隆法《おおかわりゅうほう》

超訳霊言　ハイデガー「今」を語る　第二のヒトラーは出現するか　目次

超訳霊言《ちょうやくれいげん》　ハイデガー「今」を語る
第二のヒトラーは出現するか

二〇一四年三月二十日　ハイデガーの霊示《れいじ》
東京都・幸福の科学総合本部にて

「霊言現象《れいげん》」とは、あの世の霊存在の言葉を語り下ろす現象のことをいう。これは高度な悟《さと》りを開いた者に特有のものであり、「霊媒現象《れいばい》」（トランス状態になって意識を失い、霊が一方的にしゃべる現象）とは異なる。外国人霊の霊言の場合には、霊言現象を行う者の言語中枢《ちゅうすう》から、必要な言葉を選び出し、日本語で語ることも可能である。

なお、「霊言」は、あくまでも霊人の意見であり、幸福の科学グループとしての見解と矛盾《むじゅん》する内容を含《ふく》む場合がある点、付記しておきたい。

超《ちょう》訳《やく》霊《れい》言《げん》　ハイデガー「今」を語る
第二のヒトラーは出現するか

二〇一四年三月二十日　ハイデガーの霊示《れいじ》
東京都・幸福の科学総合本部にて

マルチン・ハイデガー（一八八九〜一九七六）
ドイツの哲学者《てつがくしゃ》。現象学の提唱者フッサールなどに師事したのち、主著『存在と時間』によって思想界に衝撃《しょうげき》を与《あた》え、「二十世紀最大の哲学者の一人」とも言われる。ユダヤ系の政治哲学者ハンナ・アーレントの師でもある。一九三三年にナチス政権が誕生すると、フライブルク大学総長に就任したが、一年後に辞任した。キリスト教系哲学者アウグスチヌス（三五四〜四三〇）の魂《たましい》の兄弟で、八次元如来界《にょらいかい》の存在である（『黄金の法』〔幸福の科学出版刊〕参照）。

質問者　綾織次郎《あやおりじろう》（幸福の科学上級理事　兼《けん》「ザ・リバティ」編集長）
小林早賢《こばやしそうけん》（幸福の科学広報・危機管理担当副理事長　兼　幸福の科学大学※名誉顧問《めいよこもん》）
市川和博《いちかわかずひろ》（幸福の科学専務理事　兼　国際本部長）

［質問順。役職は収録時点のもの］

※幸福の科学大学（仮称）は、2015年開学に向けて設置認可申請中です。
構想内容については変更の可能性があります。

1　哲学《てつがく》者ハイデガーの「超訳霊言《ちょうやくれいげん》」に挑《いど》む

ドイツへの出発前夜に大川裕太《おおかわゆうた》が発した質問

大川隆法　突然《とつぜん》ですが、「ハイデガーの霊言《れいげん》」を録《と》ってみたいと思います。

今日（二〇一四年三月二十日）、昼の十二時過ぎに発《た》つ飛行機で出発したのですが、三男（大川裕太《おおかわゆうた》）が当会のドイツ支部とロンドン支部を訪問し、現地で座談会をしてくる予定になっています。

そのため、本人は、いろいろと調べていたのですが、昨日の夜、「ところで、『ハイデガーはナチスに協力した』という意見もあるんだけど、それについては、どうなんですか」と訊《き》いてきたのです。

それに関して、私の著書には、確かに何も書いていません。

ハンナ・アーレント（ユダヤ系の政治哲学《てつがく》者）は、ハイデガーの弟子《でし》だったのですが、ナチスに迫害《はくがい》されて、アメリカに亡命《ぼうめい》し、ナチズムに反対するような思想をかなりつくりました。師匠《ししょう》と対立するような思想を出してきたのです。

三男は、「ハイデガーは、どうなっているのですか。『黄金の法』（幸福の科学出版刊）では、ハイデガーについて、偉《えら》い人のように書いてあるだけですが、ヒトラーについては、『ニーチェの超人《ちょうじん》思想を自らが体現せんとして、第二次大戦を誘発《ゆうはつ》した』と書いてあります。ハイデガーはナチスへの協力を疑われているはずですが」というようなことを訊いてきたので、私は、「なかなか、うるさいな」と思ったわけです（会場

『黄金の法』（幸福の科学出版）

笑)。

説としては、「協力した」という説と、「利用された」という説と、いちおう両方あることはあり、そのへんは微妙《びみょう》なので分かりかねます。

ただ、「当時のドイツの情勢を見ると、ヒトラーが彗星《すいせい》のごとく登場し、人気を取って上がってきたときなので、体制のなかにいたら、協力せざるをえない感じだったかもしれないね」というようなことを言っておきました。

ファシズムやヒトラーを、ハイデガーはどう見ていたのか

大川隆法　ナチスが政権を獲得《かくとく》したあと、ハイデガーはフライブルク大学の総長を一年ぐらい務めています。そのときには、協力しようとしたのでしょうが、一年ぐらいで、すぐに辞《や》めています。

最初はヒトラーへの支持率が非常に高かったため、「救世主のような人が出て

きたのかな」と思ったところもあるのかもしれません。

ハイデガーは、第一次大戦中に大学の教師になったのですが、ドイツが第一次大戦でさんざんやられ、ドイツ民族が打ちひしがれていたころに、哲学を自分でつくり始め、その過程でヒトラーが出てきたのです。

ヒトラーは、最初は彗星のごとしだったと思うので、「ハイデガーは、『民族主義的なものであっても、ある程度は肯定《こうてい》される』と考えていたのではないか」と思われる向きもあります。

ただ、途中《とちゅう》からは、確かに意見が合わなくなってきてはいたようです。

ハイデガーは、自分の愛弟子《まなでし》のハンナ・アーレントと〝深い関係〟になってきて、危ないので、彼女を手放し、自分の友人であるヤ

ハンナ・アーレント（1906～1975）アメリカの政治哲学者。主著に、『全体主義の起源』『人間の条件』等がある。

スパース（ドイツの哲学者）のところに送り、彼のところで学位論文を書かせました。

ヤスパースは、「ヒトラーは教養のない男だ。あんな男を支持して、どうするのだ？」というようなことを言っていたようです。

一方、ハイデガーのほうは、「『教養があるか、ないか』ということよりも、『何をやるか』が問題なのだ」というようなことを、最初は言っていたと思います。

しかし、就任して一年ぐらいで総長を辞任し、そのあと政治から距離《きょり》を取っている面もありますので、このへんで彼がどのように考えたのか、関心のあるところではあります。

ハイデガーは、「全体主義」というか、「ファシズム的なもの」を、どのように

カール・ヤスパース（1883～1969）ドイツの哲学者、精神科医、政治評論家。主著に、『精神病理学総論』『哲学』等がある。

捉《とら》えていたのでしょうか。「ヒトラー等の考え」を、どう見ていたのでしょうか。

「ヒトラーの再来」と言われる人が何人もいる現代

大川隆法　現代も、また世界情勢が怪《あや》しくなってきつつあり、あちこちに、「あいつこそヒトラーの再来だ」と言われる人が何人も出てきています。

中国の習近平《しゅうきんぺい》国家主席がそう言われているかと思ったら、安倍《あべ》総理もヒトラー扱《あつか》いをされてみたりしていますし、ロシアのプーチン大統領も、最近は、〝それらしく振《ふ》る舞《ま》ったりすることもあります。彼ら以外にも、似たような人はいるかもしれません。

何をもって全体主義的な動きと見るか。あるいは、何を危険な動きと見るか。何を抑止《よくし》すべきで、何を推進するべきか。やはり、そういうことを考えるべきだと思うのです。

先日（二〇一四年三月六日）、「チャーチルの霊言」（『「忍耐《にんたい》の時代」の外交戦略　チャーチルの霊言』〔幸福の科学出版刊〕参照）を収録しましたが、ドイツの側からも一人ぐらい意見を聞いてみてもよいのではないかと思います。

ハイデガーは、戦争が終わったあと、「ナチスに協力した」ということもあって、いったん教職から追放されています。やがて復職しましたが、復職後、即座《そくざ》に大学を辞めているので、そのへんについては感慨《かんがい》深いものもあります。

愛弟子であったアーレントとも、死ぬ間際《まぎわ》まで文通等をしていたのですが、一九七五年にアーレントが亡《な》くなり、一九七六年にハイデガーが亡くなったので、この二人は同じころに亡くなったわけです。

『「忍耐の時代」の外交戦略　チャーチルの霊言』（幸福の科学出版）

大学卒業前にハイデガーの『存在と時間』を読み込《こ》んだ私

大川隆法　『太陽の法』（幸福の科学出版刊）に書きましたけれども（第6章参照）、私が霊的世界からの「イイシラセ」を受ける三カ月ぐらい前かと思うのですが、じっくりと読み込《こ》んでいた本の一つがハイデガーの『存在と時間』です。『有《う》と時《とき》』と訳されることもありますが、非常にゆっくりと丁寧《ていねい》に読んだ覚えがあります。

もう一つはカール・ヒルティの『幸福論』です。これも、冬休みにゆっくりと読んだ覚えがあります。

当時の私は、間もなく就職しようとしていたのですが、「ああ、やはり、思想、学問も

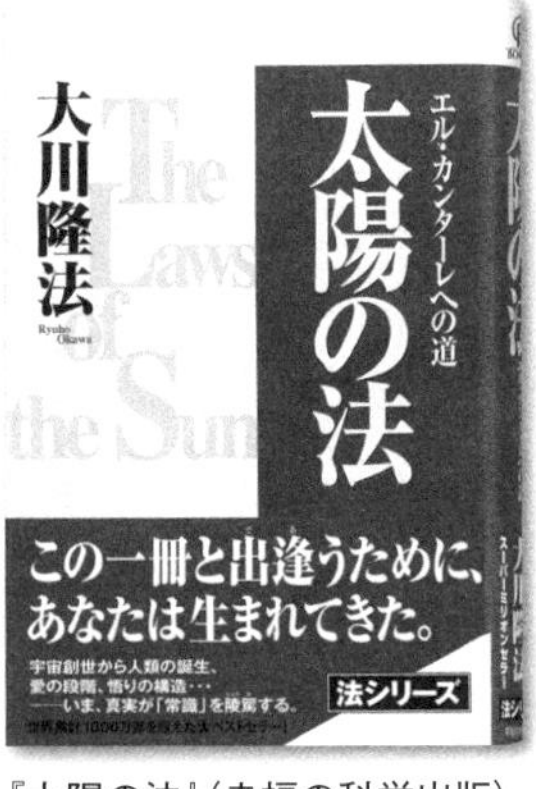

『太陽の法』（幸福の科学出版）

やってみたいなあ」という気持ちが、また出てきていたことも事実でした。

さらに、もう少し前になりますが、在学中、ハンナ・アーレントの思想を研究していたこともあったので、これらが、何らかのかたちで、私の思想的な開花に関係しているかもしれません。

そういう意味では、今日は、新しい発見が何かある可能性もあります。

ハイデガーの思想を、霊言《れいげん》で分かりやすく語れるか

大川隆法　残念ながら、私のやや貧困《ひんこん》なドイツ語力では、哲学思想の霊言《れいげん》をするのはまだ無理ですし、ドイツ語で霊言をしても、聞いてくれる人はほとんどいな

カール・ヒルティ（1833〜1909）スイスの法学者、哲学者、政治家。主著に、『幸福論』『眠られぬ夜のために』等がある。

いと思われます。

また、日本語で語ったとしても、難しい哲学用語を乱発すると、何を言っているか分からなくなるでしょうが、そのへんは私の好むところでもありません。「難しい漢語を脇《わき》に置いて、『結局、何を言いたいのか』ということを、分かりやすい日本語で言ってみてください」と言われ、分かりやすく言ってみたら、難しくも何ともなかったりすることもあるのです。

当会は宗教であって哲学ではなく、たくさんの人々に教えを説くのが目的なので、「少数の限られた方々に理解されればよい」というわけではありません。

今回は、「超訳霊言《ちょうやくれいげん》」と初めて名付けてみたのですが、できるだけ努力し、分かりやすい言葉で、霊人《れいじん》の意図するところを伝えたいと思います。

分かりやすく言ったら、もしかすると、夏のアイスクリームのように溶《と》けてしまい、何も残らない可能性もあります。難しく言うから、難しく聞こえるだけなのかもしれません。

ただ、ハイデガーは、いちおう、定評としては、「二十世紀最大の哲学者の一人」と言われていますし、「ハイデガー以降、哲学者らしい哲学者は出ていない」ということも事実なので、「ハイデガーの霊言」からは、何か得るものがあるのではないでしょうか。

また、そうした歴史的なことも踏《ふ》まえた上で、現代の人々に言っておきたい、「心の指針」のようなものが何かあれば、そういうものも受けてみたいと思います。

さらには、「師と弟子（ハイデガーとアーレント）は、あの世へ行ったら、どのようになっているのか」ということについても、関心がないわけではありません。

ドイツの哲学者《てつがく》、ハイデガーを招霊《しょうれい》する

大川隆法　（質問者たちに）「相手が、どの程度、答えられるか」を見ながら、訊いてみてください。

最初は、おそらく、それほど流暢《りゅうちょう》には日本語を話せないと思いますが、だんだん慣れてくる可能性はあるでしょう。

ドイツの人の霊言では、地獄《じごく》に堕《お》ちている人が多く（注。以前、ドイツ人のヒトラーやニーチェを収録したが、彼らは地獄に堕ちていた。『国家社会主義とは何か』『公開霊言　ニーチェよ、神は本当に死んだのか？』〔共に幸福の科学出版刊〕参照）、申し訳ないと思うので、地獄霊ではない人の霊言もあればよいと思います。

そうすれば、ドイツのみなさんも元気になるのではないでしょうか。

では、呼んでみます。

（合掌《がっしょう》し、瞑目《めいもく》する）

マルティン・ハイデガー、イッヒ・ビン・リュウホウ・オオカワ、ヒア・イスト、エル・カンターレ（マルティン・ハイデガーよ。私は大川隆法です。エル・カンターレです）。

コメンジー・ビッテ・ヘア、マルティン・ハイデガー？（マルティン・ハイデガーよ、ここに来てくださいますか）

コメンジー・ビッテ、マルティン・ハイデガー（マルティン・ハイデガーよ、来てください）。

ヒア・イスト、ハッピー・サイエンス・トウキョー（ここはハッピー・サイエンス東京です）。

コメンジー・ビッテ、ハイデガー（ハイデガーよ、来てください）。

コメンジー・ビッテ……（来てください……）。

（約二十秒間の沈黙《ちんもく》）

2　ハイデガーは「ヒトラーへの協力」をしたか

第一次大戦後のドイツ人の心境とヒトラーの〝活躍《かつやく》〟

ハイデガー　うーん……。

綾織　こんにちは。

ハイデガー　うん、うーん。

綾織　本日は、日本語で失礼させていただきたいと思っているのですけれども……。

ハイデガー　グーテン・ターク！（こんにちは！）と言ったら、いかんかね？

綾織　徐々《じょじょ》に慣れていただければと思います。

ハイデガー　ああ。

綾織　本日は、「二十世紀最大の哲学者《てつがくしゃ》」と称《しょう》されるハイデガー先生とお話しする機会を頂きまして、本当にありがとうございます。

今日は、「超訳霊言《ちょうやくれいげん》」ということで、できるだけ、専門的な哲学用語を避《さ》けながら、「ハイデガー〈今〉を語る――第二のヒトラーは現代に出現するか――」というテーマで、いろいろとお話をお伺《うかが》いしたいと思っています。

ハイデガー　ああ、うーん。

綾織　ありがとうございます。

では、いきなり核心《かくしん》的なところに入っていくのですが、やはり、非常に注目される部分は、「生前、ご活躍《かつやく》されていたときの、ヒトラーやナチス政権との関係」というところです。

ハイデガー　うーん。

綾織　一般《いっぱん》的に、「ハイデガーは、ナチス政権に対して、積極的に協力したのではないか」と言われているわけですが、「実際の本心としては、どういう状態だったのか」について、お伺いしていけたらと思っています。

ハイデガー　うーん……。まあ、うーん……。私……もね、ドイツに生まれたから、やっぱり、若いころ、「第一次大戦で荒《あ》れ果てたドイツの国土を、どうやって復活させるか、復興させるか」っていうことについては、本当に心配したのよ。

私は、哲学を学んでいたけど、うーん、哲学では救えないような国土のあり方だったね。

また、アドルフ・ヒトラーは、ミスター・ケイ

アウトバーン起工式で演説するヒトラー。陸上交通網の近代化に力を入れ、世界初の本格的な高速道路ネットワークを誕生させた。
また、1936 年に開催されたベルリン・オリンピックは、のちに「ヒトラーのオリンピック」とも呼ばれるように、アーリア民族の優秀性とヒトラーの権力を誇示するプロパガンダ色の強いものであった。

ンズの政策を、実際上、取り入れて成功したので、「模範生《もはんせい》」と言われているね。つまり、ケインズの財政政策かな？　いまだにあると思うけども、「財政出動」による「需要《じゅよう》の創出」「雇《こ》用《よう》の創出」をして、「景気の回復」をやってのけたし、「それをやって、同時に、インフレーションを起こさない」という、経済的には、極《きわ》めて優《すぐ》れた手腕《しゅわん》を見せたね。

そういう意味では、第一次大戦後から第二次大戦前までに、ドイツ人の多くが、ヒトラーの〝活躍〟で、ドイツが復興していくところを目《ま》の当たりにしたので……、まあ、それは、ドイツ国民の一般的感情だったからね。九十パーセントぐらいの国民がそうだったか

ジョン・メイナード・ケインズ（1883 ～ 1946）
イギリスの経済学者、官僚、ジャーナリスト。世界で初めてマクロ経済学を体系化し、「ケインズ革命」と呼ばれる経済学上の大変革を起こした。主著に、『雇用・利子および貨幣の一般理論』『貨幣論』等がある。

ら……。
第一次大戦の敗戦で、ドイツは「ベルサイユ条約」を結んで、（戦勝国は）ドイツに対して過大な賠償金《ばいしょうきん》を課したけど、戦勝国に対するドイツ人の腹立ちというのかなあ。悔《くや》しさっていうかな。そういうものはあった。

「当時の国家方針」に従おうとしたハイデガー

ハイデガー　だから、君たちも、日露《にちろ》戦争のあと、うーん……、いやいや、日清《にっしん》戦争か。中国（清）との戦争のあと、中国から幾《いく》つかの島（実際は遼東《りょうとう》半島）の割譲《かつじょう》を受けたはずだねえ？（下関《しものせき》条約）
私は島について詳《くわ》しくは分からないけど、日本は割譲を受けたあと、「三国干《かん》渉《しょう》」を受けて、「島を返せ」という圧力をかけられた。今のクリミアみたいなもんだねえ。圧力をかけられて、力関係上、返さざるをえなくなった。

これで、「中国の権益をめぐっての次なる戦いは、たぶん、ロシアとだな」と思って……、まあ、中国っていうか、満州《まんしゅう》かな？　マンチュリアだね。とにかく、「次はロシアだ」っていうのは、だいたい分かってて、日清戦争の十年後、ロシアと戦ったよね？　あの感じに似てるのよ。感じ的には似てるんだけど……。

まあ、あなたがたは、日清戦争で勝ってるけど、うちは、第一次大戦で敗れてるし、まあ、日本にも敗れたけども……（笑）。

要するに、そういう感情があったから、支持する気持ちが底流にあったし、私も、フライブルク大学の教授職から総長に任命されたりもしたんで、そういう意味では、「国家の方針」に従おうとしていた面は、確かにあった。

ただ、さっき説明があったように、ヤスペルス（カール・ヤスパース）なんかは、早いうちから、「ヒトラーっていうのは、いかがわしい。貧乏《びんぼう》画家上がりで、画家で成功しなかった人が、その劣等感《れっとうかん》を癒《いや》すために、政治的野心でもって頭角《とうかく》を現してやろうとしている。偉大《いだい》な政治家になるための教養の部分、基礎《きそ》がない。だから、ああいうのは、一時的に成功するように見えても、最終的には分からない。指導者の資質として怪《あや》しいものがあるのではないか」というようなことを言っておったんだけども、案《あん》の定《じょう》、ヒトラーは、ユダヤ人排斥《はいせき》運動を始めたね。

確かに、それには、教養ある紳士《しんし》の態度ではないところがあったわねえ。あれは、戦争が激しいころの、〝野蛮人《やばんじん》たち〟のやることに近いやり方で、敵をつくって民族をまとめるようなやり方だったわねえ。

ハイデガーがナチスと距離《きょり》を置いた理由

ハイデガー　そういうことで、大学の総長を辞して、政治と距離《きょり》を取ったんだけども、私の哲学の一部がうまく利用されたっていうか、まあ、ヒトラーは、幾つかの思想を上手に使い分けていたね。

●フリードリヒ・ニーチェ（1844～1900）ドイツの哲学者、古典文献学者。ニーチェの超人思想を自らが体現せんとして、第二次大戦を誘発したヒトラーとともに、地獄の最深部でヘドロの沼にもだえている（『黄金の法』参照）。

●ニーチェのも使ったし、●ルドルフ・シュタイナーのも使ったし、たぶん、その他のいろいろなものも……、例えば、キリスト教も、一部、使ったね。だから、キリスト教の教えも、ユダヤ教の教えも、実は、逆に使ったと思う。

『聖書《せいしょ》』のなかには、イエス・キリストが十字架《じゅうじか》に架かる前の話があるよね。十字架に架けられる予定の人が三人ほどいたけれども、その日は、祝祭日であったので、「一人だけ許してもいい」という規則があった。

「誰《だれ》か一人、許してほしい人がいるか？」とローマ人のほうから訊《き》かれたとき、「イエスを許してほしい」と言えば許されたのに、ユダヤ人たちは、そうではなくて、強盗《ごうとう》殺人をしたとも言われている人のほう、つまり、「バラバを許せ」と言った。さらに、「その呪《のろ》いが、ユダヤ人や、その子孫の上にかかっても構わない」と言ったみたいなことが、『聖書』に書いてあるよね？

あれは、少なくとも、二十世紀ではなくて、紀元一世紀か紀元二世紀に書かれ

●ルドルフ・シュタイナー（1861～1925）オーストリア出身の神秘思想家、教育家。人智学の創始者。「自由ヴァルドルフ学校」を創立して、シュタイナー教育を実践し、広めた。

たものであることは間違《まちが》いないので、千何百年も前に書かれた、その〝予言〟の成就《じょうじゅ》の部分として、「ユダヤ人の千何百年の放浪《ほうろう》」があって、「キリストの血の贖《あがな》いは、ユダヤ人が受ける」と言っていた部分を、ヒトラーが、〝予言者〟のように成就してみせようとした面もあったのかなあとも思えるところはあったわねえ。

ただ、その後の、あまりのむごたらしさに、距離を置いたわねえ。

3 『存在と時間』のメインテーマとは

敗戦にショックを受けたドイツ国民に説いた「教え」とは

綾織　あの、少しお伺《うかが》いしにくいところなのですが……。

ハイデガー　うん。

綾織　一九三三年にナチスが政権を掌握《しょうあく》したと思うのですけれども、そのときに、ハイデガー先生は、大学の総長になられました。

ハイデガー　そうそう。

綾織　当時、「ユダヤ人の虐殺《ぎゃくさつ》」は、まだ始まっていませんでしたが、「迫害《はくがい》政策」は、すでに政権発足《ほっそく》時から始まっていた部分がありました。ハイデガー先生は、その部分について、見誤《みあやま》ったのか、そんなに大きな問題に発展しないと思われたのか、どのように捉《とら》えられていましたか。

ハイデガー　第一次大戦後のドイツ人の落ち込《こ》みっていうか、ショックというか……。

まあ、「優秀《ゆうしゅう》な民族である」という自覚を持ってたのは、みんなもご存じだと思いますし、カント以降、偉大《いだい》な人がたくさん出ていますからね。十九世紀は、はっきり言ってドイツの時代ですよ。二十世紀初頭もそうだったと思うけど、ドイツには、そういう偉大な国家である誇《ほこ》り、栄光があったのでね。

それが、戦争に敗れて灰燼《かいじん》に帰《き》したけれど、ドイツ人は、「それを、もう一回、復興させたい」っていう気持ちを持っていた。

要するに、これは、日本人が、「日本の誇りを取り戻《もど》したい」、中国人が、「中国の誇りを取り戻したい」、韓国《かんこく》人が、「韓国の誇りを取り戻したい」、アメリカ人が、「アメリカの誇りを取り戻したい」ということと一緒《いっしょ》だと思うんです。

そういう、民族主義的なものではあるけれども、「そこにある存在」としての国民には、それによって勇気づけられる面があるんでねえ。「そこにある存在」としての国民には、やはり、自分らを輝《かがや》かせるというか……、まあ、彼らを勇気づけ、立ち上がらせるっていうことが、基本的に大事だね。

「そこにある」というのは……、ああ、今日は「超訳《ちょうやく》」をやらなければいけないんだな。「そこにある」というのは、つまり、「ドイツという国に生まれてしまって、そこでグローアップして（大人になって）しまったのだから、ここで職業に就《つ》いて、何かお役に立たねばならん」ということであり、その現実自体は否定できないのよね。

「そこにある自分、ドイツという国に生まれた自分が、これをどう克服《こくふく》するか、どう乗り越《こ》えていくか」ということについては、過去を振《ふ》り返ってもしかたないので、未来に向けて、「投企《とうき》」と言ったら、また難しくなるから、うーん……、つまり、「未来の自分にかけよ」ということだな。そういう意味なんだ。「過去ばかり見て滅入《めい》っていてはいけない。未来のドイツの建設のために、自分たちの人生をかけなさい」と。

これが、私のメインテーマだね。『存在と時間』でデビューした私のメインテーマは、そういうことです。

まあ、言葉を換《か》えれば、それは、実存主義《じつぞんしゅぎ》にもつながるものではあるけども、当時は、まだ、私の霊的《れいてき》自覚が十分でなかったから、「人間は、なぜ来たか。どこから来たか」について、明確に語ることはできなかったけども、「運命の流れのなかで、今ここに、浮《う》き沈《しず》みしている自分たちがある」ということ自体は否定できないでしょう?

だから、私は、「運命の川の流れのなかで、浮き沈みしている自分たちがいるけども、力強く未来を切り拓《ひら》いていくべきだ」という教えを説いた。

ヒトラーが持っていた「悪賢《わるがしこ》い企《たくら》みを考える力」

ハイデガー　この思想の一部を、ヒトラーが使ったわけだ。君たちだって、これだったら、使われかねないだろう?

綾織　そうですね。

ハイデガー　言ってること自体は間違《まちが》ってるわけではないんだよ。だけど、使い方は、いろいろあるわなあ。

綾織　実際に、大学を一年で辞《や》められたということは、ヒトラーについて、「希望を示した部分」ではなく、「そうではない部分のほうに本質があるのではないか」と気づかれたからでしょうか。

ハイデガー　ユダヤ人迫害の動きは出始めていて、賢《かしこ》い人たちは、「いち早くドイツから逃《に》げないと危ない」と考え、まず、イギリスに向けて脱出《だっしゅつ》を始めていたわなあ。

逃げ遅《おく》れた人たちは、みんな捕《つか》まってるし、フランスになんか逃げた人たちは、終わりになっているわな、ほとんどの場合ね。イギリスからアメリカへ逃げた人とかは、賢く生き延びたわねえ。

判断はとても難しかったし、ヒトラーのそうした政策は、まあ、一種の「求心力」ではあるんだけども、これが、アーレントの言う「全体主義」になってしまったっていうところだねえ。「国民全員を鼓舞《こぶ》して、一つにする」っていうのは、哲学《てつがく》的には、私より前の時代、つまり、一八〇〇年代のフィヒテ●の……、まあ、彼もベルリン大学かどこかの総長だけどね。そのフィヒテは、「ドイツ国民に告ぐ」という有名な演説をして、国民を鼓舞したことがあるけど、気持ち的には、それにちょっと似たものはあったんだけどねえ。

まあ、（ヒトラーには）イーブル（邪悪《じゃあく》）というか何と言うか、悪魔《あくま》的なものが、一部、思想的に入ってたっていうことはあるんじゃないかと思う。

だから、そのへんの「ずる賢い考え方」が、一部、忍《しの》び込んでいて、いろいろ

●フィヒテ（1762 ～ 1814）ドイツ観念論を代表する哲学者。ベルリン大学初代総長。カント哲学から出発し、シェリングやヘーゲルらにも大きな影響を与えた。

な思想が巧《たく》みに操《あやつ》られたところはあるから、単に、「（ヒトラーは）無教養で、暴力主義的だから、ああなった」とは言えなくて、もう一段、悪賢《わるがしこ》い企《たくら》みを考える力があったんではないかと思うなあ。

4　ヒトラーはどこで間違《まちが》えたのか

右翼《うよく》的思想が「正しいかどうか」は極《きわ》めて難しいテーマ

綾織　ハイデガー先生は、おそらく、それに気づかれていったということだと思うのですけれども。

ハイデガー　うーん。

綾織　一方で、現代から見たときに、「ヒトラーの評価」というのは、やはり、いろいろと分かれるところも、一部にはあるかと思うのです。

というのも、先般《せんぱん》、「チャーチルの霊言《れいげん》」を収録したところ、そのなかで、チャーチルは、「イギリスが負けたら、私が地獄《じごく》に堕《お》ちる可能性もあった」という話をされていました。

そうであるならば、ヒトラーが、あれだけのことをして、地獄に堕ちないことはないとは思うものの、「別の見方もあるのかな」という印象も持ったのです。

ハイデガー　だから、もうちょっと、君らの言う「徳」があれば、よかったんだろうね。徳が足りなかったんだろう。

それと、ドイツ国内だけでとどまっておれば、ドイツ人を愛するのは別にいいことだと思うけども、他国民の犠牲《ぎせい》の上に、ドイツ国民を愛するっていう考え方には、やっぱり、一定の受容限度はあるわねえ。

まあ、多少、ほかのところに損をかけるっていうことはあるとは思うけども、それが、あまりにも多くの人たちの流血の上に、自国民の「繁栄《はんえい》」とか「富」を築くっていう考えなら、やっぱり、「許さない」っていうのはあるだろうね。これは、今でも同じことだと思うけど、そのへんに、「正当性があるか」「正義があるか」っていう考えは、極《きわ》めて難しいわねえ。たぶん、君らも、今は同じテーマを持ってるよ。

綾織　それはどういうことでしょうか。

ハイデガー　たぶん、同じテーマを持ってる。だから、「左翼《さよく》的思想」と「右翼的思想」とが、今は非常に戦ってると思うけども、まあ、どちらも完全でないし、右翼的思想も、左翼的思想があるからこそ、強いことを言っても、その効《き》き目が弱められて、ちょうど、「国論を中道《ちゅうどう》に戻《もど》す役に立ってる」と思う。右翼的思想だけだったら、行きすぎてしまう面も確かにあるだろうとは思うね。歯止めが利《き》かない面はあるわねえ。

だから、そのへんのバランスは難しいねえ。喧嘩《けんか》のようになると、相手を徹底《てってい》的に叩《たた》いてしまうとこまで、やるからねえ。

君らは、今、韓国《かんこく》人や中国人に腹が立ってるだろう? ねえ? 焼き肉店を襲《おそ》わないのは、本当に君たち、自制心があるよ。中国や韓国なら、襲うかもしれないから。

小林　その「君たち」というのは、「ハッピー・サイエンス」のことではなくて、「日本人」のことであると?

ハイデガー　そう、日本人。ヤパーナー(Japaner)。ヤパーナーの意味よ。

幸福の科学は「民族主義的」なものではない

小林　この対話は記録に遺《のこ》りますので、一言《ひとこと》申し上げますと、先般も、日本のサッカー場で、「韓国人は出ていけ」というような趣旨《しゅし》の張り紙が出て、それで、そのチームにペナルティが与《あた》えられたことがありましたが、そのサッカー協会の判断を、ハッピー・サイエンス（幸福の科学）の信者は九十九・九パーセント支持しています。つまり、「そういうことを言ってはいけない」と……。

ハイデガー　どっち？　どっち？　私、分からなかった。

小林　あ、すみません、ちょっと早口で。

つまり、いろいろと民族問題があるにしても、例えば、先日、サッカー協会が、あるサッカーチームに対し、「『韓国人は、ここから無条件に出ていけ』というようなことを言うのは間違《まちが》っている」と判断し、ペナルティを、そのチームに与えたのですが、「その判断は正しい」というのがハッピー・サイエンスの信者の考えです。

ハイデガー　うーん、まあ、私、よくは知らないけど、前に、オリンピック？　いや、サッカー……。

小林　ロンドンオリンピックですか？

ハイデガー　何かのときに、韓国が日本と戦ったときに……、あ、中国だったのかな？　忘れたけど、「何とか領土、島は、韓国のもの」って言ってたかな？

●韓国が日本と……　2012年のロンドンオリンピック男子サッカーで、日本対韓国の3位決定戦後、韓国代表選手が「独島（竹島の韓国側名称）は我が領土」と書かれた紙を掲げたことを指す。

小林　韓国ですねえ。

ハイデガー　何か、「そういうふうにやって、走った」とか言って、「スポーツを政治的に使ってはいけない」みたいなのがあったことは聞いてるけどね。
　今、日本でそれがあったのは、私はよくは知らないんだけど、「ハッピー・サイエンスがやったわけではない」と、君は言っているのね？

小林　ええ。「ハッピー・サイエンスの世界的視野」と、「一部の日本のなかの、『ヘイトスピーチ』（憎悪《ぞうお》表現）と言われるものを使うような人たち」との明確な違いというのはありますので、それは、世界にも、しっかり伝えていかなくてはいけないと思っています。

ハイデガー　でも、まあ、ヒトラー的に言えばね、これはまた、あとで議論になるけれども、安倍《あべ》首相が、もし君たちの思想を〝つまみ食い〟して、いいとこだけを取って、国粋《こくすい》主義的なところをうまーくつまみ出して、それで、グーッと使っていった場合、やられる可能性はあるわね。

小林　その場合は、「安倍首相に対して、その誤りを明確に、進言、あるいは、提言する」というのが、われわれの立場であり、大川総裁の立場でありますね。

ハイデガー　だから、会員は、いろいろ意見があるだろうけど、「今、日本人はよく耐《た》えてる」と思う。でも、中国や韓国や北朝鮮《きたちょうせん》が言っていることを、まともに喧嘩《けんか》で言い返したら、すごいことになるわね。

日本人が言う場合は、本当にそのとおりにやるからね。向こうは、ただ喧嘩のために、相手を侮辱《ぶじょく》するのは平気で言うけど、本気でない場合もあって、「ゲーム感覚」で言ってることが多い。

でも、日本人が言い出したら、本当になるかもしれないから、そのへんは難しいね。

もし「ヒトラー的」な国の復興がうまくいったら、どうなるか

小林　そのテーマに触《ふ》れさせていただいた理由を述べます。

「一見、民族主義的な動きに入っていった場合には、誤解を受けるリスクがある」ということも、ハッピー・サイエンスのほうは自覚しながらやっていて、「そこには、〝越えてはならない一線がある〟という自制心が働いている」ことは自負しているのです。

しかし、そうした視点で見たときに、一九三三年段階のドイツにおいて、ややシビアなコメントかもしれませんが、ある種の「バランス感覚」といいますか、「歯止め」といいますか、「ドイツ人を高揚《こうよう》させつつも、やはり踏《ふ》み越《こ》えてはいけない一線」とか、「神の正義はどちらの側にあるか」とか、そういったところの判断が、ハイデガー氏個人にとは申し上げませんが、なぜ、国のなかで、もう一段、働かなかったのか。これは、おそらく、世界中の人が持っている「二十世紀最大の疑問の一つ」だと思うのです。

ハイデガー　うーん、だから、キルケゴールの「実存主義」というのがあって、彼は、「自分はすごく暗い生まれ方をしたという人が、神の呪《のろ》いを受けたような人生を生きて、自分の人生を恨《うら》みつつ、弱い人間として生きていく」という、キルケゴール的な「悩《なや》みと不安のなかに置かれた人間」っていう像を説いているけ

●キルケゴール（1813～1855）デンマークの哲学者、思想家。現代の実存哲学や弁証法神学に大きな影響を与えた。『死に至る病』『あれか、これか』『不安の概念』などの著書がある。

ど、その影響《えいきょう》を私もちょっと受けた。さらに、それを自分の『形而上学《けいじじょうがく》とは何か』にも取り込《こ》んだと思う。

そうした、人間が今置かれている事情を理解できない、「不安の概念《がいねん》」っていうのを取り込んではしまったんだけども。

ただ、もし、もう一段明るい面から見て、ヒトラー的な国の復興が、もしうまくいったら……。いや、彼のなかに野心があって、「ドイツを超《こ》えて、ヨーロッパ全体について、何らか、ナポレオン的なものを目指している」という気持ちがあることは、多少、分かってはいたんだけどもね。

もし、ヒトラーがやろうとしたことが、現在のEUのようなものをつくりたくて、そして、「その中心に、ドイツがやはり立つべきだ」という考えを持っていたんだったら、彼は、少なくとも、時代を五十年は先取りしていたわけで、それを軍事的手段によってやったことが是《ぜ》か非かといえば、これは、「日本の戦国時代だったら是であって、戦国時代でないときだったら、よくない」ということになると思う。

何か、ＥＵのように、ヨーロッパをまとめる盟主になりたかったという希望を彼が持っていることは分かっていたけど、それがいい意味で働けば、素晴《すば》らしいし、ドイツ文化が中心になって、ＥＵがまとまるスタイルになると思うけどね。

中国の水増し経済が破裂《はれつ》したとき「中国発世界恐慌《きょうこう》」が起きる？

ハイデガー　現実には、アメリカが日本を潰《つぶ》しても、日本が復興して、世界の経済大国になった。今は、公式にというか、その発表では、ＧＤＰで「アメリカが一位、中国が二位、日本が三位」ということになってるけど、おそらく本当の経済力では、まだ、日本と中国は、たぶん逆転してなくて、日本のほうが上だと思う。中国の統計は嘘《うそ》が多いので、たぶん違っていると思うね。

国内での資料の操作というか、国内での物の移動を、全部売上に上乗せしているので、たぶん中国の発表は、数字がそうとう違う。

例えば、国有企業《きぎょう》同士で物が移動しているだけでも売上になってるはずだから、そうとうの水増し経済で、その水増し経済に基《もと》づく信用で、大きなレバレッジ（梃子《てこ》）を利《き》かして、信用をつくって、ヨーロッパやアメリカの経済を引きずり込もうとしておる。だから、私が見るに、「中国発の世界恐慌《きょうこう》」が起きる可能性があると思ってるけれどね。

まあ、私は、経済学者じゃないから、詳《くわ》しくはないけど、そうとう底上げして水増し経済をやっているから、あれを信用して中国と大きな経済取引をやったEUもやられかかってるし、アメリカも騙《だま》されてる。あれが破裂《はれつ》したときには、中国発の世界恐慌が、たぶん起きるだろうと思うけどね。

「軍事的な天才性」と「経済的な天才性」を持っていたヒトラー

ハイデガー　ええとね、だから、あれ？　何を言おうとしたのかな？

綾織　「もし、ヒトラーが、ＥＵ的なものをつくるのであれば」という点です。

ハイデガー　ああ、そうそう。ＥＵ的なものを考えていたんだ。

彼は、軍事的には電撃《でんげき》作戦で、もう、相手に準備させないで電撃的にやって、あっという間に取ってしまうっていう、日本で言うと、戦国時代の織田信長《おだのぶなが》みたいな戦い方をしてたわけだ。

それで、「天才的」と言われて、「軍事的な天才性」を最初はものすごく評価されたけども、それ以前の十年ぐらいかなあ、「経済的な天才性」のほうが、実は評価されていて、あれだけ短期間で国力を増して、アウトバーン（ドイツの高速自動車道路）とかをつくったり、再建していった、あの力……。

もし、今、この日本の首相がヒトラーだったら、東北の再建なんか、国土強靭《きょうじん》化基本法？　あんなので、ものすごい速度で完成させてしまうから、国民は、絶対、拍手喝采《はくしゅかっさい》する。

だけど、その野心がどこまで届いているかのところは、問題でしょうね。

5　難しい「ユダヤ人問題の見方」

「ヨーロッパの繁栄《はんえい》」は本来、ドイツが担《にな》っている

綾織　先ほどの、「中国発の世界恐慌《きょうこう》の可能性」ということでいうと、ヨーロッパでは……。

ハイデガー　あ、これは、私が初めて言ったかもしれないね。

綾織　そうですね。初めて伺《うかが》いました。

では、ヨーロッパの場合は、ドイツが中心になって、そうとう頑張《がんば》らないとい

けない。

ハイデガー　いや、神のご加護もあったのよ。本来、「ドイツが中心になって、ヨーロッパが繁栄《はんえい》するように」ということでね。

十七世紀から十八世紀にかけて、ドイツ対フランスの覇権《はけん》戦争もあり、そのあと、大英帝国《ていこく》との経済戦争もあり、このイギリス、フランス、ドイツの競争は、激しくはあったんですが、まず、哲学《てつがく》における、ドイツの観念論哲学のすごい隆《りゅう》盛《せい》、および、科学技術的な、ドイツのすごい先進性等を見れば、「神様は、ドイツを中心にして、ヨーロッパのほうを発展させようとしているんではないか」っていう感じはあったね。

「ユダヤ人問題」の根深さを語るハイデガー

小林　神のご加護が通り過ぎたとは申し上げませんけれども、その後の歴史の辿《たど》りを見ますと、ドイツから少し逸《そ》れたような感じがしないでもないのですが、それは、どういう理由だったのでしょうか。

ハイデガー　うん、だから、全体的なものは……、難しい言葉で言っちゃいけない。「認識」とか、「把握《はあく》」とか言ったらいけない。

まあ、全体的なバランスを取った見方は難しいんですけれども……。だから、ユダヤ人問題ね。これは確かに難しいのよ。とっても難しい。

あなたがたは、ユダヤ人出身で、世界各地で活躍《かつやく》したり、ノーベル賞を取ってる人を、たくさん知ってるから、ユダヤ人は優秀《ゆうしゅう》だと思っていると思う。だけど、ある意味で、純粋《じゅんすい》なクリスチャンからすれば、（ユダヤ人は）イエスを認めず、迫害《はくがい》した頑固者で、国を滅《ほろ》ぼした〝バカ者たち〟の集まりなわけよね。これについては認識にズレはないのよ。みんな、そう思ってるのよ。

千九百年間も国をなくして、大国の慈悲《じひ》によって、わざわざ中東に国をつくってもらったけど、次にイスラムと大きな戦争になる可能性の火種《ひだね》をつくってるのね。これで起きるかもしれない。

だから、「この国は、大きな災《わざわ》いを起こす国だな」っていうのは、みんな、イメージ的には持ってるわけ。

いや、純粋なクリスチャンのなかには、「あの頑迷《がんめい》なユダヤ人たちは、なぜキリスト教徒にならなかったのか。キリスト教が広がったあとでもいいから、ユダヤ教が終わって、モーセの時代からイエスの時代になったとして、イエスに帰依《きえ》しなかったのか。預言者として、イエスを見るのではなくて、あとからでもいいから、救世主として見なかったのか」というところを問う人は、やっぱりいるわけよ。ヒトラー的な人ではなくてもね。

ユダヤ教っていうのは、それを突《つ》っぱねて、あくまでも頑固に守り通して、「イエスは救世主ではない」と、いまだに言い続けてるわけだから。純粋なクリスチャンであればあるほど、本当はユダヤ人に対して憎《にく》しみは持ってるのよ。

だから、中世のシェークスピアとかが、ユダヤ人をどれほどバカにしていたかは、書いてるものを見たら分かる。ヒトラーのもとを辿《たど》れば、シェークスピアにだって、行っちゃうわけだけど、シェークスピアは悪魔《あくま》かといったら、そんなことはないよ。それは、中世のヨーロッパのほうでは、まあ、共通理解だったのよ、ある意味でね。

だから、難しいものを、歴史と文化は持っているの、伝統的に。

ただ、それにはユダヤ人自身にも、ある意味で責任がないわけではないのよ。

小林　その答えは、おそらく、エル・カンターレでないと、出せないのではないかと、私は思っているのですが。

ハイデガー　うーん……、まあ、そうかもしれません。

小林　その点は、ちょっと記録に遺《のこ》さなくてはいけないので、申し上げますけれども、「ある種の民族的カルマを背負っている」ということと、「それならば抹殺《まっさつ》していいのか」ということとが、ずいぶんアンバランスだったのではないかと思うのですが。

ハイデガー　まあ、そこはねえ、戦争とか軍隊になると、もう本当に〝マシーン化〟するからねえ。もう動き始めると、個人の意志では止まらなくて、機械のように進んでいくことがある。

要するに、「目的合理的」って言ったら難しいかなあ。「最終目的がこうだ」と言うと、それに最短でたどり着くようにって、補助線を引いて、組み立ててしまうんだよね。軍隊には、そういう癖《くせ》があるからねえ。

だから、「情状酌量《しゃくりょう》」なんて面倒《めんどう》くさいことを言ったら、軍隊はもう分からなくなるんですよ。そういう〝陪審員《ばいしんいん》〟が付いたら、分からなくなるので、やっちゃうんですよねえ。そのへんはある。

6　ヒトラーの「魔術《まじゅつ》」の背景

古代の宗教が持つ意外な影響力《えいきょうりょく》とは

小林　ただ、今日は、ある種、批判をする場ではないので、このテーマの質問は、これで最後にしたいんですけれども。

おっしゃることもよく分かりますし、ある種、EUのようなものを目指したかもしれないというのも、よく分かるのですが……。

ハイデガー　そうなのよ。

小林　まあ、ハンナ・アーレント的に言うと、「でも」というところがありまして、「あのレイシズム、人種差別は、どうだったんだ?」という……。

ハイデガー　うーん、だから……。

小林　それが彼女の立場でもありますし、同盟を組んでいた日本にとっても、実はそうで、黄色人種《おうしょくじんしゅ》として、ナチスの本音はよく知っていました。そこについては、アーレントにしても、当時の大日本帝国《ていこく》にしても、距離《きょり》を取っていたのです。

ただ、当時のドイツ、あるいは、ハイデガー氏は、その部分に関して、ものの見方が少し「緩《ゆる》い」といいますか……。

ハイデガー　うーん……、もう一つあるのよ。だから、「ユダヤ教 対 キリスト教」だけだと思っていたら、もう一つ〝伏兵《ふくへい》〟がいたんだ。かつてキリスト教が征服《せいふく》したヨーロッパの宗教っていうのがあってね。まあ、「ドルイド教」とか、その他、幾《いく》つか現地の「土着の宗教」を征服したのよ。

それで、キリスト教に変えたんだけど、キリスト教になりつつも、キリスト教が土着宗教と混ざった部分がある。

これが消えていない証拠《しょうこ》を君たちは知っているよ。あの「ハリー・ポッター」っていう映画が世界的に大ヒットして、ものすごい、億の単位の人がたぶん観《み》たと思うけども、撮影《さつえい》に使われたイギ

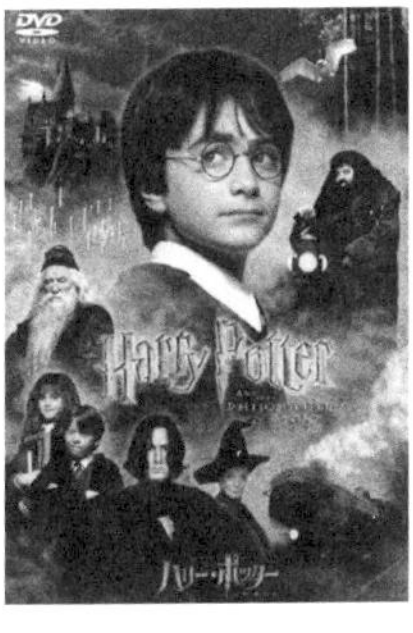

全世界で大ヒットした「ハリー・ポッター」シリーズ。

ドルイド教
古代ローマ時代のヨーロッパ西部（ガリア）やイギリス（ブリタニア）に定着した古代ケルト人の宗教。ドルイドと呼ばれる神官を中心に、占いや天文知識、聖樹崇拝を重視。霊魂の不滅を信じ、輪廻の教義を説いたが、キリスト教によって衰退した。

リスの教会なんかは、石を投げ込《こ》まれて、たくさんのガラスを割られたりした。

だから「古代の宗教」の復活だねえ。日本で言うと、「古代宗教」が、現代の宗教に対して、急に刃向《はむ》かってきたようなもんだ。

キリスト教とユダヤ教だけだと思ったら、もう一つあって、古代のゲルマンの宗教、滅《ほろ》ぼされた宗教の二千年の恨《うら》みが、もう一つ入っていた。

実は、ヒトラーそのものは、こちらのほうからの霊的《れいてき》な影響《えいきょう》をそうとう受けていて、彼自身が、実は、魔術師《まじゅつし》だったっていうことだ。これは魔術師だったんだ。

まあ、そうだろうよ。だから、画家で成功しなかった……。まあ、絵も売れなかった貧乏《びんぼう》画家が、一国のフューラー、総統になって、そうして世界帝国の建設を目指してやり始めたわけで、こんなのはありえないことだから。彼は、明らかに魔術を使った。

その魔術は、戦争が終わって滅ぼされたと思ったかもしれないけど、まだ「ハリー・ポッター」みたいなかたちで出てくるでしょう？　だから、実は、基礎層《きそ》のなかに、まだあるのよ。

ドイツにだって、イギリスにだって、フランスにだって、実は、昔の宗教の名残《なごり》は、そこにあるわけ。日本で言う古い神道《しんとう》、●古神道《こしんとう》や、日本の修験道《しゅげんどう》みたいなものかな。

そんなようなものが、実は、近代の宗教の底に入ってて、これが出てきた。この部分を見落としたな。

小林　要は、「そのときは見落としたな」という認識を持っていらっしゃるわけですね。

ハイデガー　うーん。

●**古神道**　日本において、仏教、儒教、道教などが渡来する以前に存在していた宗教。「古事記」「日本書紀」などに根拠を置く、外来宗教の影響を受けていない神道のことであり、純神道、原始神道ともいう。

小林　分かりました。ありがとうございます。

安倍《あべ》首相に見られる宗教的限界

綾織　その文脈でいくと、先ほど、安倍《あべ》首相の話もありましたけれども……。

ハイデガー　ここも同じ問題よ。古神道が出てくるよ。

綾織　あ、日本ということですか?

ハイデガー　日本も。うん。同じ文脈があるよ。

綾織　そういう古い宗教が力を持ってくる、と。

ハイデガー　だから、君らと同じようにやっているように見えて、違《ちが》うかもしれないから。

小林　二種類あるということ？

ハイデガー　うん。政治的に同じ考えでやっているつもりでいて、実は違うかもしれないから、気をつけたほうがいい。

小林　そうですね。

綾織　そういう可能性がある場合、ハイデガー先生の経験を踏《ふ》まえると、何に注意し、どういう考えでやっていくのが大事になりますか。

ハイデガー　あのねえ、エル・カンターレの考えは、日本が孤立《こりつ》する考えじゃないのよ。だけど、安倍首相の考えは、日本が孤立する可能性がある考えなのよ。この違いを知らないで、一緒《いっしょ》のことをやってると思うと、どこかで間違いが起きる可能性はあるよ。

綾織　それは、安倍首相の場合、単純に日本神道の古い考え方があるということですか。

ハイデガー　彼の場合、世界的な視野を持ってないから。要するに、この国の復興・復権・繁栄《はんえい》。ヒトラーと一緒よ、それは。復興・復権・発展して、日本が外国に対して優位に立てることを考えてる。

綾織　ええ。

ハイデガー　ここまでだったら、失敗をする前のヒトラーと変わらない。これから先、行くかどうかは分からないけどもね。

綾織　その部分を、僭越《せんえつ》ながら、アドバイスするというか、導くことができれば、ヒトラー的なものにはなっていかないと？

ハイデガー　うーん……。そうだねえ。だから、彼（安倍首相）の考えには、明治維新《いしん》とか、なんかそんなような考えがあって、わりに「破壊《はかい》して新しいものをつくりたい」っていう気持ちが、すごく強くはあるんだよねえ。

綾織　ああ、そうですか。

ハイデガー　そのなかに、「復古《ふっこ》主義的なもの」があるね、すごくね。それは復古主義的な、昔に帰るようなものであって、「革命」という、「新しい精神」「新しい息吹《いぶき》」を吹《ふ》き込む考えのように見えつつ、「昔に戻《もど》るようなもの」と、両方が入ってるのよ。

綾織　では、「ジャパン・イズ・バック」というのは、「戻ってくる」のではなくて……。

ハイデガー　そう、怪《あや》しい。〝古代に戻る〟ということかも……。

綾織　「昔に戻ってしまう」んですね？（笑）

ハイデガー　「エンシェントジャパン（古代の日本）に戻る」ということかもしれない。

だから、ちょっと気をつけないと。視野が少し狭《せま》いね。別にまだヒトラーになってるわけじゃないし、それだけの力や権限、機関が与《あた》えられるかどうかは分からないけれども、単純化していくとそうなる可能性はあるね。複雑にものを考えられなかったらね。

7 「ヒトラー的独裁者」の見分け方

習近平《しゅうきんぺい》とヒトラーの共通項《こう》とは

市川　そういうなかで、「ヒトラー的な独裁者」と、「そうでない世界のリーダー」とを分けるものは、ハイデガー先生から見て、どういうところだと思われるでしょうか。

ハイデガー　うーん、だから、「国際的教養」だろうね。国際的教養を持っているかどうかじゃないかな。

綾織　今、ヒトラーと結びつけて考えられる指導者として、習近平《しゅうきんぺい》という人がいます。

ハイデガー　この人、無教養ね。だから、ヒトラーと一緒《いっしょ》よ。無教養。

綾織　あっ、同じですか。

ハイデガー　無教養、無教養。だって、田舎《いなか》で農業しかやったことがない。だから、十三億人の指導者をするには、明らかに勉強が足りてないね。

『世界皇帝をめざす男』（幸福実現党）

『中国と習近平に未来はあるか』（幸福実現党）

だから、欠けてるよ。欠けてるものがある。政治理論も経済理論も法律……、法治《ほうち》国家の概念《がいねん》を理解しているかどうかさえ怪《あや》しい。うーん。古代の皇帝《こうてい》を目指している可能性があるね。

綾織　まあ、今、実際に、習近平がいちばん力を入れているのは、国内の治安のところと、あとは、軍をどれだけ掌握《しょうあく》できるかっていうところです。ここに、ものすごいエネルギーをかけていますが、この先、どうなるのでしょうか。

ハイデガー　ああ、この人は、ちょっと大事な教養が欠けてるね。だから、エリートではなかった。生まれは、まあ、名門の生まれだったかもしらんが、ちょうど中国の悪い時期に当たって、「もう大学なんか行かなくていい。田舎にいて農業をやったほうがいい」みたいな、下に向いたプラグマティズム、そういう「下向きプラグマティズム」みたいな流れのなかで青春期を送っているので。洞窟《どうくつ》のなかでも住んでいたでしょう？

綾織　はい。そうですね。

ハイデガー　農業をやって、洞窟のなかで住んで……。クロマニョン人っていうの？　クロマニョン人だよ、これね。

綾織　うーん……。

ハイデガー　クロマニョン人に、現代の皇帝をさせたらどうなるかっていうことだよね。
そらあ、獲物《えもの》と見たら襲《おそ》いかかってくる可能性はあるわねえ。
中国発「パンドラの箱」が開《あ》くとき、残された「希望」とは
綾織　今の話と、先ほどおっしゃった「中国発の世界恐慌《きょうこう》」とセットになると、何が展開すると見ていますか。
ハイデガー　うーん……。まあ、「不幸をばら撒《ま》く」ということだね。
綾織　ははあ……。
ハイデガー　うん。だから、「パンドラの箱」が開《あ》くということだね。パンドラ

の箱が開く。
残ったものは「希望」のみ。「希望」……、「ハッピー・サイエンス」ね。

綾織　ああ。

ハイデガー　これ、「希望」でしょ？　これが一つ残る（机を叩《たた》く）。
あとは、あらゆる〝疫病神《やくびょうがみ》〟が解《と》き放《はな》たれる。世界にね。

綾織　その「希望」というものに対しては、ハイデガー先生がご覧になって、どういう期待をされていますか。

ハイデガー　うん、期待してるよ。とっても期待してる。

綾織　あ、そうですか。

ヒトラーに「ハイデガー思想」を利用されたことへの挫折感《ざせつ》

ハイデガー　私も、八十六年と、長くやったけど、「ヒトラーの政権と深くかかわっていた」ということによる、学者としての挫折《ざせつ》はかなりあるので。晩年、名声には包まれつつも、何とも言えない挫折感と、やるせなさと、自分の思想を再建設できない悔《くや》しさとが、うーん……。

自分の思想を、一部、上手に使われた部分が、まるで……、こういう言い方は、あまりに〝超訳的《ちょうやく》〟すぎるかもしれないし、女性のみなさんが気分を悪くされるかもしれないけど、まあ、「レイプ」されたような嫌《いや》な気分が、ずーっと残っている。何とか〝禊祓《みそぎはら》い〟したいけど、できないでいるから。

まあ、ハンナ・アーレントなんかも、そのへんは〝禊祓い〟してくれて（『ハンナ・アーレント スピリチュアル講義「幸福の革命」について』〔幸福の科学出版刊〕参照）、そのあと、大川隆法さんが、さらに〝禊祓い〟してくれているような感じを受けているけどね。うん。

「自由の創設《そうせつ》」と「全体主義への反対」を掲《かか》げる幸福実現党

綾織　実際に、幸福実現党の政治活動の中心部分には、アーレントの思想が入っており、ある意味で、ハイデガー先生の説かれた内容をさらに進めたものがあります。

『ハンナ・アーレント スピリチュアル講義「幸福の革命」について』（幸福の科学出版）

ハイデガー　（幸福実現党は）「自由の創設《そうせつ》」を言ってるでしょ？

綾織　はい。

ハイデガー　「全体主義による統治への反対」をしてるでしょ？

綾織　はい。

ハイデガー　幸福の科学が（政治活動で）誤解されるとしたら、「自由を制限して、全体主義的に支配するのではないか」という部分で、それに対する恐《おそ》れを、マスコミとか、左翼《さよく》系の人が持つはずなので、ここ（「自由の創設」と「全体主義への反対」）を出してきていること自体は悪くないし、ヒトラーの成功した部分と失敗した部分を、ちゃんと分けて理解している。

このへんの認識を持ってる日本人、あるいは外国も含《ふく》めて、世界的な知識人は極《きわ》めて少ない。

戦争の恨《うら》みを千年でも持ち続ける中国人や韓国《かんこく》人のしつこさ

ハイデガー　だから、「日本の先の戦争が悪い」と言ったら、もう、韓国《かんこく》や北朝《きたちょう》鮮《せん》や中国、みんな悪いと思う。一元的に言っているように、「ヒトラーにかかわることなら、全部が悪い」というふうに、ヨーロッパといわず、世界中でそういうふうに言われていて、「どこにいても、生き残ってたら時効はなしで、最後の一人まで捕《つか》まえる」ってやってるわねえ。

『政治哲学の原点』―「自由の創設」を目指して―（幸福の科学出版）

●アイヒマンも、アルゼンチーナ（アルゼンチン）で捕まったでしょ？　戦後、十五年ぐらいたって捕まってますが、そのしつこさは、すごいものがあるからねえ。

日本人はそれほどしつこくないけど、中国人や韓国人は、それと同じぐらいしつこいよね？　だから、君たちのことを千年でも恨《うら》み続けるんだろう？　これは大変よね？　これは大変だわ。そうなると、第二次大戦にかかわった首相の子孫なんか、みんな殺されなきゃいけないでしょうね、本来ならね。そんな気持ちを持ってるかもしれない。

ネガティブな記憶《きおく》を引きずるドイツが「未来に賭《か》ける」には

市川　そういう意味では、今のドイツの方々も、ナチズム時代の非常にネガティブな記憶《きおく》を、ずっと引きずっていまして、ハイデガー先生のおっしゃる、「未来

●アイヒマン（1906 ～ 1962）ナチス・ドイツの親衛隊（SS）中佐。第二次大戦中のユダヤ人大量虐殺の責任者として、戦後、逃亡先のアルゼンチンでイスラエル秘密警察に逮捕された（P.112 参照）。

の自分に賭《か》けよ」というところは、なかなかできないでいるのですが、「いかにすれば、ドイツの人々が未来に賭けていけるか」というところをご教示《きょうじ》いただければと思います。

ハイデガー　うーん。だから、同じだと思う。やっぱり、思想的なあれは要《い》ると思うんですよ。「勇気や希望の原理」は必要だと思うんですよ。そういう思いがなかったら、やっぱり、人間は強くなれないし、社会も発展できないから、それがあるのはいいと思うんですよ。

だけど、「そういう思いを持ったら、悪いことをするんじゃないか」っていう、自虐《じぎゃく》的、自罰《じばつ》的な考えが、みんな染み込《こ》んでる。ドイツもね。日本と同じで、染み込んでいるので。ある意味では、日本以上に責め立てられてる部分もあるから、ヨーロッパのなかでは大国だけど、ちっちゃくなって生きているわけだ。

だから、原子力エネルギーなんかをフランスに頼《たよ》るとか、天然ガスをロシアからもらうとかしてるから、何か騒《さわ》ぎが起きたとたんに、今度は、エネルギー問題で困るようなことが起きてきたりする。

まあ、「戦後体制の見直し」が、どういうかたちで起きるべきかだね。

もし、今、君たちが心配しているように、中国が大国主義になって、他国を軍事的に占領《せんりょう》するような行動に出るとしたら、国連の中心メンバーで、世界の秩序《ちつじょ》と平和の維持《いじ》のために活躍《かつやく》する一員としては、こんなの認められないわね。

そういうところは、今、ロシアが、そのターゲットとなりつつあるんだろうけどね。

8　プーチンは「ヒトラー」に似ているか

「強権的」と批判されるプーチンは何を目指しているのか

綾織　ロシアについては、今、「冷戦の復活」のようなことも言われていますし、一部のメディアでは、プーチン大統領の強権的なやり方がヒトラーに重ねられているところも見られます。

このプーチンに対する理解にも非常に難しいところがありますけれども、どう理解すればよろしいでしょうか。

ハイデガー　うーん、まあ……。なかなか、「したたかなところ」はあるわね。

だから、中国を味方につけつつ、日本に手を伸《の》ばして、日本と手を組み、そして、アメリカとの間に一定の楔《くさび》を打ち込《こ》んで、アメリカ単独による世界支配を終わらせようとしてる面はあると思う。

だから、アメリカの側から見れば、そらあ、「ヒトラー的なものが出てくる」というふうに警戒《けいかい》する可能性はあるけども、でも、アメリカの側にも、やはり、衰退《すいたい》を招いてる原因が、明らかにあるからねえ。

よそが軍事的に拡張していこうとするときに、自分たちのところは軍事的に縮小、撤退《てったい》していこうとしているんだから。やっぱり、一国はトップ一人で変わりますよ。

だから、上が「滅《ほろ》び」を望んだら、滅びますよ。会社の社長でも、国の首相でも、大統

『プーチン大統領の新・守護霊メッセージ』(幸福の科学出版)

領でも、自分たちの会社なり国なりを破滅《はめつ》させたいと思ったら破滅させられるし、衰退させたいと思えば衰退させられるし、発展させたいと思えば発展させることはできるので。

その意味では、長くやってる分、確かに、プーチンが〝帝王化《ていおう》〟している部分があるのは間違《まちが》いない。もうすぐ、「プーチン」から「ラスプーチン」って、名前が変わるから（会場笑）。そういうふうに言われるように、きっとなるね。

だけど、彼自身は、まだ若いことは若いけども、そんなに長くやるつもりではなくて、昔のロシアの帝国の復活まで考えてるわけではない。

だから、大ソ連から見たら、今のロシアがすっごく小さくなってしまって、力が弱ってしまったのを、「もうちょっと上向きに戻《もど》したい」という気持ちは持っているけども、「全部、元に戻して、世界帝国をつくりたい」と願うほどまで考えてるわけではないと思う。そこまではないと思う（注。二〇一四年四月十八日、

●グリゴリー・ラスプーチン（1869 ～ 1916）帝政ロシア末期の祈禱僧。怪僧と呼ばれ、ロシア帝国崩壊の一因をつくったとされる。

プーチン守護霊《しゅごれい》の霊言《れいげん》を収録した。『プーチン大統領の新・守護霊メッセージ』〔幸福の科学出版刊〕参照）。

綾織　では、「ノーマルなロシアの姿を取り戻したい」ということを考えているのですか。

ハイデガー　そうだね。

クリミアのロシア系住民を守るために動いているプーチン

ハイデガー　だから、ウクライナの考え方は、とっても難しいと思うし、あのへんは多民族が入り乱れているので、君たちの理解を超《こ》えてるものがあると思うよ。たぶん、ヨーロッパやアメリカの指導者層が考えてるほど、（プーチンは）悪いことを考えてるわけではないと思う。そんなことではなくて、もうちょっと、彼はプラグマティックに考えている。

「放置すれば、クリミアにいる七十パーセントものロシア系の人（ロシア語を話す住民）が、ウクライナ軍によって虐殺《ぎゃくさつ》される」と彼は見て、プラグマティックに判断したと思う。

このままだと虐殺されるから、ここの部分をいち早く切り離《はな》そうとした。それも、投票を経《へ》て、合法的にやろうとした。

だから、彼が、アメリカに発信してるように、「国民が自由を求めて選んだものを認めないのは、民主主義の考えに反するのではないか」と言っているのは、ある意味では当たっているわけで、昔のソ連時代の軍事大国としての圧力でやってるわけではない。

まあ、ウクライナ全体まではいかないにしても、ロシア人が多い所の居留区《きょりゅうく》を守ろうとしてやってるのは間違いないから、国内の支持がとても高い。

その意味で、「第二次大戦前のヒトラーに似ている」という言い方をされれば、確かにそのようにも見えるけども、これは、プーチンが「自分の器《うつわ》」と「やるべきこと」の範囲《はんい》が見えているかどうかにかかってるね、たぶん。

綾織　分かりました。

英・米・仏も没落《ぼつらく》すれば侵略《しんりゃく》の歴史を他国から暴《あば》かれる

小林　実は、大川隆法総裁からの、ドイツの方々へのメッセージのなかに、「戦後七十年もたったし、〝時効〟をかけてもいいころだ。確かに、いろいろなことはあったかもしれないけれども、自分自身に対して時効をかけてよいし、周りの国も、もう時効にしてもよいのではないか」というコメントを頂いています（『政

治革命家・大川隆法』〔幸福の科学出版刊〕参照）。

それに関して、もし、何かコメントを頂ければ、たいへんありがたいのですが。

ハイデガー　うん。まあ、大英帝国だって、もし没落《ぼつらく》したら、「侵略《しんりゃく》の歴史」をほかの国に暴《あば》かれるのは間違いないわね。植民地主義の〝模範生〟だよね、大英帝国っていうのはね。世界の七つの海を支配したんだからね。

それを「侵略主義」って言ったら、間違いなくそうだろうね。ドイツが取った国よりも、はるかにちっぽけな〝島〟（イギリス）が取った国のほうが大きいわね。オーストラリアまで取りに行ったんだから。だから、それはすごいわね。

『政治革命家・大川隆法』（幸福の科学出版）

それから、アメリカだって、大英帝国から離反《りはん》するための独立戦争をやって、やっと逃《に》げたところだからねえ。しかし、大英帝国からの独立が悪であるならば、それは、いろんな国が、自分らの独立を目指すことも、みんな悪になるかもしれない。

まあ、歴史においては、結果がいいほうにいけば、だんだん、みんな黙《だま》ってくる。結果が悪ければ、許されなくなってくるところはあるわねえ。

フランスにだって、「ナポレオンの罪」を言い立てたら、ロシアなんかでも、なかなか許せないところはあるだろうしね。ナポレオン、ヒトラーということで、フランスとドイツの二つにやられたから、ロシアは信じられない部分があると思うね。

だから、うーん、まあ、難しいよ。やっぱり、国が多いからねえ。だから、これは、話し合いをしながら、指導者の能力に合わせて調整をしなきゃいかんところはある。

アメリカの国力が落ちたらオバマは広島・長崎《ながさき》で謝罪する

ハイデガー　アメリカの問題は、オバマさんが、「主として『国内問題の解決』が念頭にあって出てきた大統領だ」ということはあると思うんだよね。

今、アメリカもまた、黒人支配の問題、「奴隷《どれい》制によって黒人をいかに痛めつけた歴史であるか」っていうことが、ものすごく明らかに出されてきている。だから、アメリカも、実は、ナチス的な非人道的なことをいっぱいやってきたのが、次第《しだい》しだいにばれてきつつあるわね。

今は「人道主義」を言ってるよ。今はね。だけど、その前は、自国民に対しても人道主義でなかったし、他国民に対しても人道主義的でなかった面がある。

もし、国力がもう一段落ちたら、そこは言わされるね。

国力が今よりもっとグッと落ちたら、オバマさんは、広島・長崎《ながさき》へ行って謝罪するよね。落ちなければ謝罪しない。まあ、そういう関係だからね（注。二〇一四年四月十七日、オバマ守護霊の霊言を収録した。『オバマ大統領の新・守護霊メッセージ』（幸福の科学出版刊）参照）。

ロシア問題では日本が調整役を主導し、国際的地位を上げよ

ハイデガー　ただ、「アメリカがもう一段、復興するか。それとも、ほかの考え方が出てくるか」っていうものがあるけれども、まあ、今、軍事的に後退しつつはあるが、軍事技術的な面では、アメリカの軍事力が強大であることは間違いな

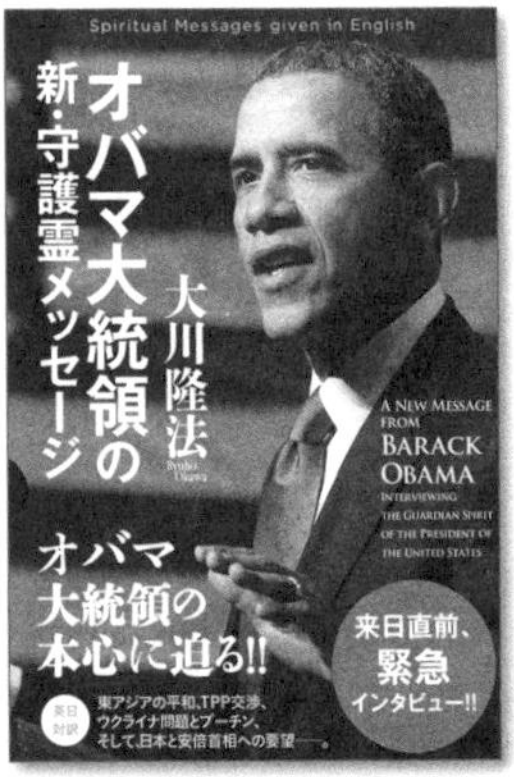

『オバマ大統領の新・守護霊メッセージ』（幸福の科学出版）

いので、現時点では、まだ対抗《たいこう》できない。アメリカ一国で世界を滅ぼせるぐらいの力は、まだ持っていると思うので。その意味では、まだ挑《いど》めない。挑んだところは敗れるね。

だから、習近平《しゅうきんぺい》が焦《あせ》ったら、中国は終わりになるね、たぶんね。プーチンは、そのへんは計算できている。十分に計算している。ロシアも核《かく》兵器は持っているけども、大部分は、もう使えない核兵器になってることは、彼は十分に理解している。

日本に核兵器を売りにくるよ、そのうち。「つくれないんなら、あげる」と言って、売りにくるよ、きっとね。余ってるから、あそこ。もう、要《い》らないわねえ。使うところがないから。

だから、たぶん、ロシアの問題については、ここで日本がうまく調整をつけるイニシアチブを取れば、日本の国際的地位はグッと上がると思うな。

欧米《おうべい》の今の価値観との対立の部分は、すぐには収まらないから、オバマさんの振《ふ》り上げた拳《こぶし》のところを、上手に解決してやれば、たぶん、日本の立場は上がるね。

9 「ナチズム」と「共産主義」の共通点

中華《ちゅうか》思想のような〝フランス最高思想〟を持つフランス

市川　ヨーロッパのなかで、フランスについてお訊《き》きします。「哲学者《てつがくしゃ》サルトルも、ハイデガー先生から影響《えいきょう》を受けた」と言われておりまして、フランスは実存主義哲学を強めていき、今、社会主義的な国になっておりますす。ハイデガー先生からご覧になりまして、フランスの行く道といいますか、未来につきましては、どうお考えでいらっしゃいますでしょうか。

ハイデガー　うーん。すごく迷っているような感じがするね。国としてね。すごく迷っている。カトリック国だけど、カトリック国でもないんだね。カトリック教徒の国だけど、カトリック教徒の国でもない。

それで、ある意味では、中国みたいな中華《ちゅうか》思想のようなものをフランスも持っている。〝フランス思想〟〝フランス最高思想〟みたいなもの、「芸術とか、文化においては、フランスに勝《まさ》る国なし」みたいな、そういうすごい自信とうぬぼれが強い面も持ってはいる。

ただ、現実の「経済力」や「政治力」では、残念ながら届かない。世界にまで届かない焦《あせ》りはある。

また、同時に今、問題点としては、中国系統との結びつきがかなり強い面も……。思想的にも結びついて、サルトルが毛沢東《もうたくとう》を礼賛《らいさん》したあたりにも、そうという大きなところがあると思う。

「共産主義と国家社会主義は一緒《いっしょ》」というアーレントの意見

ハイデガー　だから、まあ、何て言うかなあ。これは、ハンナ・アーレントが説いていることだろうけども、「ナチズム、それからイタリアのムッソリーニのファシズム等のような全体主義は、右翼《うよく》の全体主義と思われていたが、現実には共産主義のスターリニズムや毛沢東イズムと変わらなかった」ということを彼女は言っているね。

だから、そこにあるのは、ある種の、何と言うか、革命のためなら、もしくは革命類似《るいじ》的な戦争のためなら、他国民や他民族を犠牲《ぎせい》にしてでも、それが成就《じょうじゅ》することは「善」だという考え方や、あるいは、「粛清《しゅくせい》」という名で反対勢力を一《いち》網打尽《もうだじん》にして殺してしまう考え方。これはフランス革命以来の考えと、一部、似ているし、そういうものを純粋《じゅんすい》に引き継《つ》いでいる面はある。

つまり、ヒトラーがユダヤ人にやったことと同じことを、何のことはない、スターリンだってやっている。自国民に対してやっているね。自分たちの考えに合わない自国民を、政治犯や思想犯として捕《と》らえて殺す。彼らにとっての〝A級戦犯《せんぱん》〟は殺してしまうし、危険犯は「収容所」、あるいは、「収容所群島」みたいなところに送って、一生出さないように封《ふう》じ込《こ》めてしまう。こういうことをやったね。

これは、ロシアでもソ連でも起きたことだし、中国でも起きたことだね。今、それほど強くはないかもしれないが、独裁的なところでは、みんな起きたね。カンボジアのポル・ポト政権下でも起きたことだね。それから北朝鮮《きたちょうせん》でも起きていることだね。収容所をつくって、そこから出れないようにして、思想犯や政治犯は、全員、そのなかへ放り込んで出さないし、すぐ殺すね。とても似ている。

だから、「左翼と右翼に差がない」ということ、「全体主義の名において、左翼と右翼、共産主義と国家社会主義は、実は一緒《いっしょ》のものだった」というのが、アーレントの意見だね。つまり、ヒトラーたちは、「反共のために同盟を結んだ」と言っているけど、実際上、「戦っている者同士に同じものがあった」ということを言っている。

アメリカの自由は「軍事的な凶暴化《きょうぼうか》」と一体化している

ハイデガー　だから、自由が保障されている時代のアメリカは、そういうところが違《ちが》ったけども、そのアメリカでさえ、黒人に対しては自由を与《あた》えていなかったところが、今、明らかになっているし、日本に対する罪を探究するならば、「黄《おう》色人種《しょくじんしゅ》に対しても、はたしてどうであったか」ということは疑問視をされているね。

もちろん、韓国《かんこく》や中国を解放した面はあるだろうと思うけども、その前は、フィリピンや、グアムや、ハワイや、その他、幾《いく》つかのところを取っていっているわね。何の権利があって取ったかは分からないけど、取れるから取ったわね。このへんは、やはり、非常に複雑に絡《から》み合っている。

まあ、アメリカは比較《ひかく》的いいところだけど、その自由が行きすぎたら、今度は「麻薬《まやく》の自由」や、「殺人の自由」や、「犯罪の自由」みたいなところまで行くところもあって、それらと「軍事的な凶暴化《きょうぼうか》」とが一体化しているわねえ。

それで、この「軍事的な凶暴化」を合理化するために、宇宙人との宇宙戦争みたいなものを、今、一生懸命《いっしょうけんめい》に描き出して、「未来の未知なる敵と戦うための〝遺伝子〟を持っている国なんだ」というふうなことにもっていこうとしているんじゃないかねえ。

10 哲学《てつがく》とジャーナリズムの「深い関係」

真理を隠《かく》すものを剥《は》がし、真実を明らかにする「哲学《てつがく》の使命」

綾織　哲学《てつがく》がテーマになりますので、人類の指針として「哲学の使命」というようなことをお伺《うかが》いしたいと思います。

大川隆法総裁の『黄金の法』（前掲《ぜんけい》）という書籍《しょせき》のなかで、ある指摘《してき》がありました。ハイデガー先生の仕事につきまして、「もっと積極的に神の国、実相《じっそう》世界について説くべきであったと、天上界《てんじょうかい》で、ヘーゲルに批判されています」という話がありまして……。

ハイデガー　きついね。

綾織　すみません（苦笑）。

ハイデガー　きついなあ。

綾織　おそらく反省もされているとは思うんですけれども、今回の「ナチスやヒトラーをどう見るか」という問題も含《ふく》めまして、「哲学の使命」というものを、どのように考えていったらいいのか、お伺いできればと思います。

ハイデガー　まあ、哲学を「知の原点」とするならば、いちおう「疑問を持つ」ことから出発しなくてはならないんだと思うんだよね。真理を意図的に〝隠《かく》すもの〟や、あるいは、〝隠れているもの〟に疑問を持って、それを剝《は》がしていって真実を明らかにするのが、「哲学の使命」だわね。

だから、マスコミのジャーナリズムに正当性があるとしたら、その裏に哲学がある場合には正当性がある。ソクラテス的な「無知の知」じゃないけれども、「世の中をくらましているものを明らかにするために剝がしていくことが、ジャーナリズムの使命だ」と正当に捉《とら》えて、そういう対話を挑《いど》むがごとく、真実を明らかにしていく。

もしくは、ヒトラーみたいに、自分が本当に思っているところの侵略《しんりゃく》的目的を隠している者の本心を暴《あば》いたり、あるいは、人を騙《だま》して名誉《めいよ》を得ようとしたり、金を得ようとしたり、他国や同じ国民をも騙そうとしたり、犯罪類似行為《るいじこうい》みたいなもので積極的に人を害したりするのを、事前に明らかにすることによって〝抑《よく》止《し》する〟ということが、哲学的な意味での「真理の探究」なんだと思うんだよね。

その副産物として、ジャーナリズムの繁栄《はんえい》はあってもいいと思う。だから、「ジャーナリズムに神がない」という言い方もあるけども、あるとすれば、それは「哲学の神」だと私は思う。

その意味で、私がナチズムの流れのなかにいて、その正体を暴《あば》き切れなかったということを責められている部分については、甘《あま》んじて受けざるをえない。

おかげで、ハンナ・アーレントという弟子《でし》が、その師の間違《まちが》いを一生懸命《いっしょうけんめい》に体系化して明らかにしてくれて、「インペリアリズム（帝国《ていこく》主義）、トータリタリアニズム（全体主義）、オーソリタリアニズム（権威《けんい》主義）という意味での危険な体制が存在する」ということを明らかにした。

真理の立場から「アイヒマン裁判」を見たハンナ・アーレント

ハイデガー　「アイヒマン裁判」のことに関しましては……、まあ、アイヒマンというのは、ご存じのように、「列車にユダヤ人をいっぱい乗せて、ポーランドの収容所に送って、みんな、ガス室で殺す」ということの一助になった人で、その乗せるところをやった人だよね。

だけど、アイヒマン自身は、ガス室で殺すことを知っていたかどうかは別として、まあ、知っていた可能性はあるけども、「彼は与《あた》えられた使命として、それを守らざるをえないのでやっただけであって、現実のイスラエルでの裁判を見るかぎり、アイヒマンは、そのような巨悪《きょあく》ではない。これは、どこにでもいる人物である」と。

アーレントは、「悪の凡庸《ぼんよう》さ」ということを、雑誌「ザ・ニューヨーカー」に、五回にわたって書いたと思う。その間、ユダヤ人社会から、君たちの言葉を使えば、いわゆる「村八分《むらはちぶ》」になったけども、信念は曲げなかった。「あの立場にいたら、誰《だれ》だって同じことをしただろう」ということを言って、「あのユダヤ人を虐殺《ぎゃくさつ》したやつをかばった」という言い方をされているけど、彼女はそういう立場ではなくて、真理の立場から見たわけです。

「役場の職員を連れてこようと、アイヒマンの立場に立ったら、市会議員を連れてこようと、全員、同じことを必ずやっている。やらなかったら、処刑《しょけい》されるか、刑務所に入れられるか、自分がそうなるだけのことだ。だから、本当の悪ではない。悪というのは、もっとデモーニッシュ（悪魔《あくま》的）なものだ」と、まあ、アーレントは捉《とら》えたわけね。

「デモーニッシュなもの」っていうのは、まさしく、その意味どおりで、霊的《れいてき》な意味において、デーモンの作用があるようなもの。要するに、この世の不幸を拡大することを目指した〝地下世界からの挑戦《ちょうせん》〟が生きている人間を通じてなされること。

だから、そのデモーニッシュなものが加われば、ものすごいパワーが発揮される。〝百万人の広場〟で、ヒトラーが人々を逆さ卍《まんじ》に酔《よ》わせてもっていったところは、まさしく、デモーニッシュなものがあっただろうと思うんだけどね。

まあ、「(アイヒマンは)そういう者では、必ずしもなかった」ということを彼女は言ったために、批判を強烈《きょうれつ》に受けているけども、やっぱり、哲学の原点に彼女は忠実なんじゃないかな。そう思う。

「保身《ほしん》のために御用《ごよう》学者になった」という疑いをかけられた

ハイデガー　私は、大学の総長のようなものを拝命《はいめい》する立場にあったことで、保《ほ》身《しん》の意味があったかどうか。そういう体制のなかの機構として使われるということが保身なのか。

まあ、大学の総長には、大臣ぐらいの力はあるからね。ある意味ではね。思想的にお墨付《すみつ》きを与えれば、正当性が出るからね、それでね。やっていることを、

「哲学的に正当だ」と言えば、それは合理化されるからね。

そういう意味で、「保身のために、御用《ごよう》学者になったのではないか」という疑いをかけられているわけね。そういう大学の学者でも、研究者としては自由に言えるものが、そうした管理職的なアドミニストレーション（管理）のトップに立った場合は、何て言うか、「経営者的な目になってしまって、体制に組み入れられてしまう危険性がある」ということだね。

だから、企業《きぎょう》でも、大きくなったら、国家と一体化してくる面は、たぶんあるだろう。まあ、そういう感じかな。それを言われたわけです。

アーレントとかは、その身一つで逃《に》げた人だから。幾らでも〝矢を射続《いつづ》けて〟逃げた方なんだろうからねえ。

まあ、それは神仕組《かみしくみ》みなのでしかたないんでね。私の最高の弟子の一人で、恋人でもあった者なので、何とも言えないんだけど。思想的には敵対しつつも愛し合っていて、生涯《しょうがい》、文通もしていた者であるので、複雑なんだけどねえ。

11　ハイデガーの「哲学《てつがく》」と大川隆法の「悟《さと》り」

学生時代に「ハイデガー哲学《てつがく》」を宗教的に破った大川隆法

綾織　そのへんの複雑なところだけ、少しお伺《うかが》いしたいんですけれども。

ハイデガー　うーん。

綾織　先ほど、大川総裁から、「ハイデガー先生の『存在と時間』などを読まれて、思想的な開花につながった」という話がありましたが、このあたりの……。

ハイデガー　ああ、分かった、分かった、分かった、分かった。君の言わんとすることは分かった（机を叩《たた》く）。

大川総裁は、私の哲学《てつがく》の意味を解いたんだよ。これを説明したのよ。哲学者はできていないけど、大川総裁は、この意味を解いたのよ。

私が言っている、「人間はこの世に投げ入れられた存在であるけども、そのなかで自分自身を未来に向けて賭《か》けのように『投企《とうき》』していかなければいけないんだ」ということが、何を言いたかったのかということを、大川総裁は学生時代の弱冠《じゃっかん》二十代の前半に、ハイデガーの哲学の奥《おく》にあるものを見破《みやぶ》ったんだよ。

だから、ハイデガーの限界として、「なぜ、この世に生まれたのか」についての説明ができていないところを、彼は宗教的な意味において……、「なぜ、この世にわれらが存在しているのか。人間は存在しているのか」を、彼は宗教的なアプローチで、これについての意味を解き明かした。

さらに、「この世の運命のなか、あるいは、そういう時代のなか、あるいは、国際政治の流れのなかで翻弄《ほんろう》されている国民として生まれた人間は、どうするか。自分がそういう破滅《はめつ》へと向かっていく運命の流れのなかや潮流にいるのなら、どうやって、それを主体的に乗り切って、成功への道に入るか。それは、心のメカニズムの解明と、そのコントロールの技術にあるんだ」ということを彼は見破った。

だから、私が哲学用語で言ったことを、彼は、「心のテクニックによって自分の心の王国を支配することで、実は未来を選択《せんたく》できるんだ。未来を選択することによって、その運命の濁流《だくりゅう》から逃《のが》れることができるんだ」ということで、私の哲学を宗教的に破ったんだよ。その時点で破ったんだよ。それで、実は〝八次元の壁《かべ》〟を破ってしまったんだよ。

綾織　そうなんですね。

哲学《てつがく》は「教育によって真理を教える」というメカニズムを持つ

ハイデガー　今、言ったことは原点と言やあ原点だし、「私は宗教的ではない」という言い方もしたけども、私の弟子《でし》のアーレントはとても宗教的な人です。

ヤスパースのもとでやった研究論文も、「アウグスチヌスの愛の概念《がいねん》」で、まさしく、「キリスト教的な愛とは何か」を研究した人が、政治哲学《てつがく》に来てるわけだ。だから、あなたが

トマス・アキナス（1225 ～ 1274）、中世ヨーロッパ、イタリアの神学者、哲学者。『哲学大全』や『神学大全』で有名な、スコラ哲学の大成者である。『黄金の法』参照。

アウレリウス・アウグスチヌス（354 ～ 430）古代キリスト教世界において最大の影響力を持つ神学者の一人。『神の国』という大著で有名である。『黄金の法』参照。

たがやってる政治運動の政治哲学の根源には「愛」が入ってる。ね？　この「愛」が入ってる。

だから、セイント・オーガスチン（聖アウグスチヌス）も、結局は、キリスト教が世界宗教になっていくときの「転回点」の一つなんだよね。

キリスト教が世界宗教になる「転回点」の最初の一つに、パウロによる伝道があるけれども、さらには、アウグスチヌスっていう……、あっ、トマス・アキナスもいるけど、やっぱり、トマス・アキナスとアウグスチヌスというこの二大巨《きょ》人《じん》が、キリスト教を世界宗教にするための、大きな哲学的貢献《こうけん》を果たしている。

哲学っていうのは、ある意味で、宗教よりも弱いように見えながら、「教育によって真理を教えることができる」というメカニズムを持っているので、まあ、ある意味では共有できるところがある。

宗教的な意味での「悟《さと》り」になると、個人個人の問題になるし、実は、仏陀《ぶっだ》だって、その「悟りのシステム」までは、完全には導き切れていない面があるわけだけども、「哲学」という意味になるならば、知識的な、知的な側面からのアプローチにより、その真理に到達《とうたつ》できるので、ある意味で、大学で教えられるようなかたちまで広げることができる。

また、そういうアプローチを取ったために、キリスト教も、一種の「キリスト教哲学」っていう側面を持って、修道士や修道女を養成することができ、それが、世界にキリスト教が広がるもとになったわけね。

「布教《ふきょう》」を名目に「搾取《さくしゅ》・支配」が定着していった大航海時代

ハイデガー　だけど、こうした教学的な面での「キリスト教思想」を教えることはできても、彼らが、植民地主義や重商主義の方便として、大きな政治に使われるというところまでは、やはり、（認識）できなかった。

互《たが》いに利用し合う関係まではいけたけども、それが政治的に善か悪か……、まあ、大航海時代には、スペインやポルトガルが、まず最初に行って、それからあと、イギリスが続いて行ったけども、こうした時代の植民地主義に、布《ふ》教《きょう》という目的をいわゆる錦《にしき》の御《み》旗《はた》にして、実際は、「殺戮《さつりく》」と「収奪《しゅうだつ》」、それと、「搾取《さくしゅ》・支配」を定着させていった。

こうした「帝国《ていこく》主義的なものにキリスト教が使われた」ということに対して、一神《いちしん》父《ぷ》や修道女たちは、そこまでマクロ認識を持ってなかったからね。これには気の毒なところもあるし、この世的には、国王との戦いもあったしね。

「真理とは何か」を判断できずにいた中世の国々

小林　そこを防ぐ手立ては、思想的にはなかったのでしょうか。

ハイデガー　いや、それは宗教改革者の使命だね。それは、私以外の宗教改革者たちの霊言《れいげん》を聴《き》くのがよいと思うね。彼らが、それを担《にな》ってたはずだから（注。このあと、二〇一四年三月二十二日、マルチン・ルターを招霊《しょうれい》し、霊言《れいげん》を収録した）。

小林　ただ、十六世紀ぐらいに行われた宗教改革は、それとは逆のほうへ行ってしまっているようにも見えます。

ハイデガー　うん、まあ、戦争も、したからねえ……。

小林　ええ。

ハイデガー　難しいねえ。真理とは何か。難しいねえ。既成《きせい》の権力は強いねえ。いや、だから、君たちも、そういう意味で、戦いが激しくなると分からなくなってくるところはあるかもしれないね。本当は何のために戦っているのかが分からなくなるかもしれない。それぞれの組織や団体や、国を保存するための戦いになってしまうこともあるんでねえ。

結局、中世では、善悪を判断することができなくて、「領主の信じる宗教を、その国の宗教とする」というところで落ち着いたわけで、まあ、「バチカンがすべてを支配する」ということは、なかなかできなくなっていったわけだねえ。

それから、新教（プロテスタント）をつくって独立する運動もできたし、新教ができたおかげで、アメリカまでできてしまったわけだからね。ドイツも独立したし、英国国教会の独立も、要するに、カトリックが「離婚《りこん》の自由」を認めてなかったために起こったことで、それさえ認めておれば、別に離反はしなかっただろうけど。

「『神が引き合わせた者を別れさせてはならん』ということで縛《しば》られたら、国王でさえ自由にならない」っていうことで、悲劇的なことがいっぱい起きてたわねえ。

だから、日本の神道《しんとう》も一緒《いっしょ》なんじゃないの？　皇室は離婚できないで困ってるんじゃないの、あれ。離婚できたら解決した問題だ。離婚できないのは、日本の神道に思想がないから。ね？

綾織　そういうところもあるかもしれません。

ハイデガー　今の〝あれ〟は、離婚できたら、もう解決してるのにね。あ！　これは言っちゃいけないね。

綾織　（苦笑）そうですね。

ハイデガー　タブーね。タブー、タブー。原住民のタブーを破った（机を叩く）。許したまえ。

12 ハイデガーの「神秘思想家」としての過去世《かこぜ》

ハンナ・アーレントに感じた「天才同士が会ったときの火花」

綾織　最後に、本当に短いお答えで結構なのですが、一点だけ、お伺《うかが》いしたいことがございます。

アーレント先生の場合は、大川隆法総裁に対して思想的な影響《えいきょう》を与《あた》え、「バプテスマのヨハネ的な位置づけだ」というお話もあったのですが、ハイデガー先生と大川総裁、あるいは、エル・カンターレとの霊的《れいてき》な関係について、何か明かせるような部分というのはありますでしょうか。

ハイデガー　うーん、まあ、そのへんは、私のような哲学者《てつがく》の出る幕ではない……。

まあ、私も、利害関係があるお方であるので、非常に難しい。言い方は難しいが、うーん、まあ、そのキリスト教の問題ねえ。

夫婦《ふうふ》と家族、まあ、妻も子供もいるような私は、当時、大学教授であり、『存在と時間』でデビューしたスーパースターだったわけね。

それで、若いハンナ・アーレントは、二十歳《はたち》ぐらいのドイツ系ユダヤ人、ジューイッシュ（Jewish）だったけども、マールブルク大学で出会ってね、「天才と天才が会ったときの火花」ってあるんだよ。お互《たが》い、年齢《ねんれい》を超《こ》えて、立場を超えて、「天才が天才に会ったときの火花」っていうのはあるのよ。

だから、向こうが二十歳ぐらいでも天才っていうのはこっちに分かるし、向こうにも、私が天才であることは分かってる。

（私も）まだ三十代半《なか》ばだったからね。もっと年上の人はいたし、フッサールとかも先生でいたけど、私が天才だっていうことを、向こう（アーレント）もすぐに分かった。

天才と天才が惹《ひ》かれ合って、火花が散ったんだけども、やっぱり、それと、この世的な、キリスト教的な夫婦や家族愛のものとの微妙《びみょう》な絡《から》みができてしまったんでね。私は「キリスト教的な家族愛も守らなきゃいけない」っていうことで、アーレントを泣く泣くヤスパースに押《お》し付けて、まあ、あちらで卒業論文を書かせたんだけども……。

でも、やっぱり、想いは、お互いに断《た》つことができなくて、生涯《しょうがい》続いたんだけど。敵対する勢力のなかに身を置きながら、実は、心

エトムント・フッサール（1859～1938）ドイツの哲学者、数学者。現象学的哲学を確立した。

のなかで愛し合うような関係は続いていたのでね。

まあ、だから、私の哲学そのものになっちゃったわけよ。私が〝ダーザイン〟になっちゃって、もう本当に、「現にそこにある存在」で、なぜ、今、ここにいるのか分からないけど、愛する人と会えない位置にある。

私の言う「存在感」は、「存在に『場所』を与え、存在に『時間』を与える」というもので、それが私の思想だから。

「人間は存在である」。まあ、これは「魂《たましい》である」と言ってもいいんだけども、魂だけではないわけで、「この世に生きている」ということは、魂だけでは生きられない。「この世に生きている」っていうことは、「魂に、『場所』と『時間』を与えなければいけない」。これが私の「ダーザイン」の考えで、「そこにある存在」なんだね。だから、魂に「時間」と「場所」を与える。

ただ、「ドイツ人である」ということから逃《のが》れられなければ、「ドイツの思想と政治の流れのなかにいる今の自分」というところからも逃れられない（机を数回叩《たた》く）。

だから、今、愛する者がアメリカに亡命《ぼうめい》しても、会うことができない（机を叩く）。こういう関係ではあるし、あるいは、家族というものもあるという、まあ、複雑な関係であったねえ。

大川隆法とは「ハンナ・アーレントをめぐるライバル関係」？

ハイデガー　アーレントはねえ、死んでから〝浮気《うわき》〟したわけよ。要するに、私という恋人を裏切ってねえ、大川隆法に恋をしたんだよ（机を叩く）。間違《まちが》いない、婆《ばあ》さんのくせに。

綾織　（笑）

ハイデガー　そうなんだよ。きっとそうなんだよ。だからね、これは、もっといいのを見つけたんだよ。きっと。

綾織　あ、そういう状態であるわけですね（笑）。

ハイデガー　もっといいのを見つけた。自分が二十歳ぐらいのときに、三十六歳《さい》ぐらいの私に恋をしたことの逆バージョンで、六十九歳かなんかぐらいになってから、二十代の若いのに、「おっ！　これは、ええのがいるなあ。これはええ。これは分かってくれる」と思ったんだろうなあ、きっとな。そんな感じ。だから、ライバルなんだ。ライバルだ。

綾織　ああ……（笑）。ライバルですね（会場笑）。

ハイデガー　ええ、ライバルだ。

綾織　ライバルですね。少し微妙なところはありますけれども。

ハイデガー　ちょっと俗世《ぞくせ》的すぎた。な？　俗世的醜態《しゅうたい》がすぎたけども。

綾織　いえ。

ハイデガー　言い方がな。うん。

綾織　それぞれの方の、いろいろな関係性が分かりました。

ハイデガー　うん、でも、なんか、アーレントの愛を感じるよ、私はね。

綾織　ああ。

ハイデガー　いや、私のほうに向かってくるものが、ちょっと先細って、なんか、こちらのほうに流れてる感じをすごく受ける。

綾織　分かりました。

ハイデガー　うん、「未来」を感じているんだと思う。

綾織　はい。

霊界《れいかい》ではナチズムを止められなかったことを責められている

小林　（綾織に）今の感じだと、過去世《かこぜ》を一つぐらい訊《き》けるのではないですか。背景が見えてきたので、何か、過去世を一つ……。

綾織　「アウグスチヌス」という過去世もありましたが、何か、さらに明かせるような部分というのはありますでしょうか。

ハイデガー　まあ……。あんまり偉《えら》くないかもねえ。そんなに偉くはないのかも。まあ、役立たずですからねえ。

アウレリウス・アウグスチヌス（354 〜 430）
教父アウグスチヌスは、ローマの末期に現れたキリスト教系の大思想家である。若い頃、ペルシャ生まれの宗教家であるマニ（215 〜 275）のマニ教、すなわち、善悪二元の教えに陶酔していたが、師アンブロシウスの教えを受けてプロティノスの思想に触れ、「地の国」と争いつつ現れるというキリスト教的「神の国」の思想に到達した。『黄金の法』参照。

だから、ドイツに生まれたわけだけど、周りの意見としては、「おまえが（地上に）出て、なんでナチズムを止められなかった」と言ってるでしょう？「ナチズム批判をして、止めようと思えば止められたのではないのか。恋人を逃《に》がして、亡命させてまでして、止められなかったっていうのは、情けないやつだ（机を叩く）。ヤスパースのほうが、よっぽど悟《さと》っていたのと違うか」と（机を叩く）、こう言われてるわけだから、悔《くや》しいわねえ。本当に悔しいなあ、つくづく悔しいなあと思うところはあるよ。

過去世《かこぜ》では神秘思想的なもので影響《えいきょう》を与《あた》えた

ハイデガー　まあ、過去世《かこぜ》ねえ。過去世っていったってさあ、今回、（ハイデガーとして生まれて）訳の分からんことを言うておるけども、過去世はだねえ、うーん……、やっぱり、訳の分からんことを、ちょっと言うたかあ。ちょっと言ったかもしらんなあ。そんなことも、ちょっとあるかもしらんなあ。
過去世でいちばん新しいのは、意外に、宗教家なんだな。宗教家というか、神秘思想家かな？　それで出てはいるんだけどね。

綾織　それはヨーロッパですか。

ハイデガー　うん、うん。

綾織　ああ……。

ハイデガー　まあ、今の私みたいな、こういう抽象《ちゅうしょう》的な、思弁《しべん》的な思想は、カント哲学やヘーゲルの流れを汲《く》んでいて、そういうもとがあって積み上がってきてるということで、難しいものがあるけど。そういうものが出る前の神秘思想的なもので、ちょっと影響《えいきょう》を与《あた》えてはいるけどね。

小林　国はどちらでいらっしゃいますか。

ハイデガー　うーん。やっぱり、ドイツかなあ。

小林　ドイツ……。

ハイデガー　うん……。まあ、でも、思想的には、今、出てる思想とはちょっと違うから。

ヤコブ・ベーメっていう名で出てる。

ヤコブ・ベーメ（1575～1624）
ドイツの神秘主義者であり、生涯、ルター派の信仰に忠実なプロテスタントでもあった。自身の神秘体験をつづった『アウローラ』が有名になるも、異端思想の持ち主として非難され、一時期、著述をとりやめる。しかし、一定の支持者もあり、神秘主義や錬金術について学びを深めながら、やがて、著述を再開。『シグナトゥーラ・レールム』『大いなる神秘』『キリストへの道』等を著した。その思想は、ドイツ思想のみならず、神秘学にも影響を与えている。

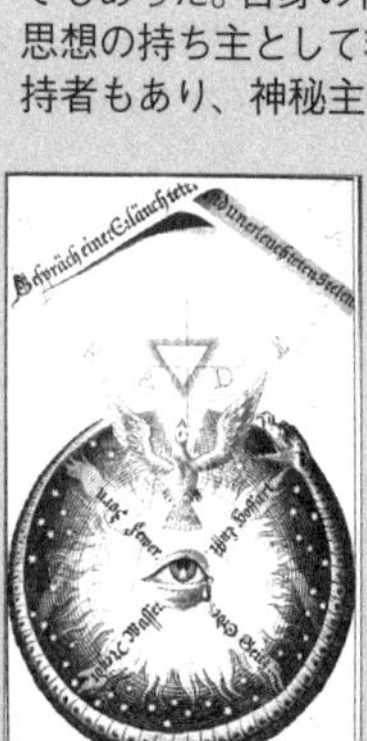

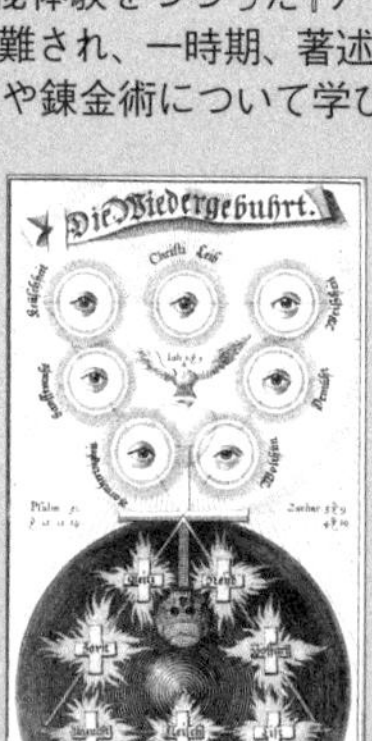

◀図像は『キリストへの道』に掲載されたもの。それぞれ、「再生」（右）「照らされた魂と照らされぬ魂の対話」（左）。

小林　ああ……。

ハイデガー　神秘思想でね。このときには学歴がなくて、靴屋《くつや》の職人かなんかだったけど、ただ、いわゆる霊言《れいげん》みたいにパーッとやってた。うん、だから、まあ、「教祖《きょうそ》」だよな。ほかの、日本とかでやれば、新興宗教の教祖だね。江戸《えど》時代とかに起きたような、あんな教祖の立場だと思う。

「神秘思想がガーッと流れ出る」っていうような現象はあるけど、今回は哲学者で、思弁的、思想的な〝あれ〟で出てるねえ。

魂《たましい》の兄弟・アウグスチヌスとは喧嘩《けんか》中

ハイデガー　まあ、アウグスチヌス（という過去世）はありがたいけど、〝魂《たましい》の兄弟的〟には、今、若干《じゃっかん》、喧嘩《けんか》しているのがあって、責められているので、あんまり仲良くないっていうか……。

綾織　ああ、そうですか。珍《めずら》しいですね（笑）。

ハイデガー　うん……、あんまり仲良くないんだ。

なんかさあ、いや、（アウグスチヌスが）「使命を果たさなかった」と言うんで「地獄《じごく》に堕《お》ちろ」と言っているんだけど、堕ちてないもんで、「それは残念でしたねえ」っていうことで。

「ニーチェと一緒《いっしょ》に（地獄に）行け」「ちょっと百年ぐらい行ってろ」って言うんだけど、まあ、何の因果《いんが》か行ってないのでね。なんか引っ掛《か》かってるらしいんだけど、私もよく分からない。

きっと、（フライブルク大の総長を）一年で辞《や》めたからよかったんじゃないの？

綾織　そうですね、はい……。

ハイデガー　そのへんじゃないかな。うん。

綾織　はい。ありがとうございます。

ハイデガー　いいかね？

綾織　はい。

ハイデガー　アーレントはね、きっと、何か、エル・カンターレの〝恋人〟で、どこかで……。たぶんそうよ。

綾織　なるほど。

ハイデガー　語れない。きっとそうよ。

綾織　そのあたりのいろいろな関係も明らかになりましたので、ありがとうございました。

13　ハイデガーの「超訳霊言《ちょうやくれいげん》」を終えて

「ハイデガーの真意」と「アーレントの思い」

大川隆法　（手を二回叩《たた》く）ある意味で、やや変わった霊言《れいげん》になりましたでしょうか。

綾織　そうですね。視野が非常に広くて……。

大川隆法　やはり広いですね。広いことは広い。大きい。やはり、大きいことは大きい。

彼の哲学《てつがく》は、全集を読んでも、難しくて、なかなか分からないのですが、今日の彼の話を聞いたら、分かってしまうようなところもあったのではないでしょうか。

綾織　そうですね。とてもよく分かりました。

大川隆法　ある意味で、非常によく分かったのではないでしょうか。「実は、自分の哲学のなかに、自分が置かれている立場を語っていた。その運命の流れに抗《こう》することができない自分に対する苛立《いらだ》ちと苦悩《くのう》が、実は描かれていた」ということだったのかもしれません。

それについて、「アーレントよ、分かっておくれ」と言っていたのかもしれないですね。

本当は、（アーレントはハイデガーの）「よき理解者」だったのでしょう。「よき理解者」が、亡命《ぼうめい》していて、逆の立場にあったわけです。

「ハイデガーのように、純粋《じゅんすい》なドイツ人として生まれ、ドイツで役職をもらって仕事をしている者には、行くところがなかった」といえば、なかったのでしょう。彼には亡命する必要もありませんでした。

ただ、「反ユダヤ主義」については、教え子（アーレント）としては、やはり、師に一喝《いっかつ》してほしかったところでしょうか。

私たちの「正しさ」は、いずれ歴史が証明する

大川隆法　今、「原発に賛成か、反対か」という、意見の大きく分かれるようなところでは、何が正しいか分からないで、知識人たちが両方に分かれていますが、あのような感じに少し近いのではないでしょうか。

瀬戸内寂聴《せとうちじゃくちょう》さんと吉永小百合《よしながさゆり》さんが対談し、「原発を続けていたら、日本は滅《ほろ》びる。だから、私たちは、力を合わせ、反原発で闘《たたか》わなくてはいけない。今こそ原発の息の根を止めなくてはいけない」というようなことを言っていました。

彼女たちは、おそらく善意で言っているのでしょう。

しかし、もう片方は、「原発を止《と》めたら、本当に日本は外国に蹂躙《じゅうりん》されることになりますし、エネルギー政策的にも、〝兵糧攻《ひょうろうぜ》め〟をされ、『高松城《たかまつじょう》の水攻め』のように、あっという間に落とされる可能性があります。エネルギーの〝兵糧攻め〟は、けっこうきついですよ」と言っています。

そういう現実主義者的な面も、当会は持っているのです。

大きな分かれ目が幾《いく》つかあるわけですが、「そのとき、正しいことを言えたか、言えなかったか」ということについては、後世《こうせい》、判定されます。

当時のドイツも大きな分かれ目だったのだろうと思います。

国民の九十パーセントが支持しているものに反対するのは、難しいものでしょう。

私は、以前、七十パーセントが賛成しているもの（政権発足《ほっそく》時の鳩山由紀夫《はとやまゆきお》内閣）に真っ向から反対していましたが、幸福実現党は選挙では、全敗しております。

ただ、幸福実現党が言っている方向に、今、流れてきているので、その「正しさ」は、まだ証明されていないものの、いずれ歴史が証明するでしょう。

「（エル・カンターレが）そんなに偉《えら》い神様だったら、なぜ選挙で負けるのだ」というようなことを言って、週刊誌的にからかい、不信を煽《あお》ったりするのは、幾《いく》らでもできるでしょう。

しかし、それは歴史が証明することだと思うのです。

歴史上、暗殺された方はたくさんいますし、その思想がそのときには実現しなかった人も数多くいます。

「何が正しいか」ということについて、人々は、それほど簡単に分かるものではないと思うので、分かるまでに時間がかかるのは、しかたがないと思っています。

（今回の霊言は）面白《おもしろ》かったですね。

質問者一同　はい、ありがとうございました。

あとがき

ハイデガーの『存在と時間』や、その愛弟子《まなでし》にして思想的対決者となったハンナ・アーレントの『人間の条件』や『全体主義の起源』を読んでから、もうかれこれ三十数年経《た》つ。宗教家・大川隆法誕生の前には、哲学と政治思想に関する厳しい考察の日々があったのだ。

今、私は世界を解釈し、説明し尽くそうとしている。そして現在ただ今の課題にも答えうる勇気ある宗教家であり続けたいと思う。

宗教家の立場としては、神仏の眼から見た善悪の基準を明らかにすべきだろう。過去と未来の間にあって、「今」を語ることの難しさと、大切さを痛切に感じる今日、この頃である。

本書は、「哲学の使命とは何か」をも説き明かした重要な一書だと思う。

二〇一四年　五月二十八日

幸福《こうふく》の科学《かがく》グループ創始者兼総裁《そうししゃけんそうさい》　大川隆法《おおかわりゅうほう》

『超訳霊言 ハイデガー「今」を語る 第二のヒトラーは出現するか』

大川隆法著作関連書籍

『太陽の法』（幸福の科学出版刊）
『黄金の法』（同右）
『政治革命家・大川隆法』（同右）
『政治哲学の原点』（同右）
『「忍耐の時代」の外交戦略 チャーチルの霊言』（同右）
『国家社会主義とは何か』（同右）
『公開霊言 ニーチェよ、神は本当に死んだのか？』（同右）
『ハンナ・アーレント スピリチュアル講義「幸福の革命」について』（同右）
『プーチン大統領の新・守護霊メッセージ』（同右）

『オバマ大統領の新・守護霊メッセージ』（同右）
『世界皇帝をめざす男』（幸福実現党刊）
『中国と習近平に未来はあるか』（同右）

超訳霊言《ちょうやくれいげん》 ハイデガー「今《いま》」を語《かた》る
第二《だいに》のヒトラーは出現《しゅつげん》するか

2014年6月19日　初版第1刷

著　者　　大《おお》川《かわ》隆《りゅう》法《ほう》

発行所　　幸福の科学出版株式会社
〒107-0052 東京都港区赤坂2丁目10番14号
TEL(03)5573-7700
http://www.irhpress.co.jp/

印刷・製本　株式会社 堀内印刷所

落丁・乱丁本はおとりかえいたします

ISBN978-4-86395-476-2 C0030
写真：Bundesarchiv sandyraidy Josef Jindrich Sechtl
Herve GLOAGUEN ／ Rapho ／アフロ AP ／アフロ

大川隆法ベストセラーズ・日本のあるべき姿を語る

自由の革命

日本の国家戦略と世界情勢のゆくえ

「集団的自衛権」は是か非か!? 混迷する国際社会と予断を許さないアジア情勢。今、日本がとるべき国家戦略を緊急提言!

1,500円

政治革命家・大川隆法

幸福実現党の父

未来が見える。嘘をつかない。タブーに挑戦する──。政治の問題を鋭く指摘し、具体的な打開策を唱える幸福実現党の魅力が分かる万人必読の書。

1,400円

大川隆法の守護霊霊言

ユートピア実現への挑戦

あの世の存在証明による霊性革命、正論と神仏の正義による政治革命。幸福の科学グループ創始者兼総裁の本心が、ついに明かされる。

1,400円

幸福の科学出版

大川隆法霊言シリーズ・世界の政治指導者の本心

中国と習近平に未来はあるか

反日デモの謎を解く

「反日デモ」も、「反原発・沖縄基地問題」も中国が仕組んだ日本占領への布石だった。緊迫する日中関係の未来を習近平氏守護霊に問う。

【幸福実現党刊】

1,400円

プーチン大統領の新・守護霊メッセージ

独裁者か? 新時代のリーダーか? ウクライナ問題の真相、アメリカの矛盾と限界、日ロ関係の未来など、プーチン大統領の驚くべき本心が語られる。

1,400円

オバマ大統領の新・守護霊メッセージ

英語霊言
日本語訳付き

日中韓問題、TPP交渉、ウクライナ問題、安倍首相への要望……。来日直前のオバマ大統領の本音に迫った、緊急守護霊インタビュー！

1,400円

幸福の科学グループのご案内

宗教、教育、政治、出版などの活動を通じて、
地球的ユートピアの実現を目指しています。

宗教法人　幸福の科学

一九八六年に立宗。一九九一年に宗教法人格を取得。信仰の対象は、地球系霊団の最高大霊、主エル・カンターレ。世界百カ国以上の国々に信者を持ち、全人類救済という尊い使命のもと、信者は、「愛」と「悟り」と「ユートピア建設」の教えの実践、伝道に励んでいます。

（二〇一四年六月現在）

愛

幸福の科学の「愛」とは、与える愛です。これは、仏教の慈悲《じひ》や布施《ふせ》の精神と同じことです。信者は、仏法真理をお伝えすることを通して、多くの方に幸福な人生を送っていただくための活動に励んでいます。

悟り

「悟り」とは、自らが仏の子であることを知るということです。教学《きょうがく》や精神統一によって心を磨き、智慧《ちえ》を得て悩みを解決すると共に、天使・菩薩《ぼさつ》の境地を目指し、より多くの人を救える力を身につけていきます。

ユートピア建設

私たち人間は、地上に理想世界を建設するという尊い使命を持って生まれてきています。社会の悪を押しとどめ、善を推し進めるために、信者はさまざまな活動に積極的に参加しています。

国内外の世界で貧困や災害、心の病で苦しんでいる人々に対しては、現地メンバーや支援団体と連携して、物心両面にわたり、あらゆる手段で手を差し伸べています。

年間約３万人の自殺者を減らすため、全国各地で街頭キャンペーンを展開しています。

公式サイト **www.withyou-hs.net**

ヘレン・ケラーを理想として活動する、ハンディキャップを持つ方とボランティアの会です。視聴覚障害者、肢体不自由な方々に仏法真理を学んでいただくための、さまざまなサポートをしています。

公式サイト **www.helen-hs.net**